JN165020

ジプシー史再考

水谷 驍

柘植書房新社

はしがき

ジプシーとは、一五世紀に入って以降、よそ者風の遊動のさまざまな人間集団を指してヨーロッパ主流社会が使うようになった呼称である。日本では英語起源のこの言葉が定着したが、ヨーロッパ各国語のそれぞれにこれに相当する呼称がある――ツィゴイナー、ツィガン、ツィガーン、チガーニ、ジタン、ヒターノ、シガーノ、等々。いずれも主流社会による呼称であって、当の人間集団がこう自称したわけではない。

この事実はただちに一つの基本的な問題を提起する――どのような人間集団がジプシーと呼ばれたのか。

ジプシーとされた人間集団は時代によって、地域によってさまざまに異なっていた。最初は「小エジプトからきた巡礼」と称した人間集団がこう呼ばれた。やがて、封建体制の崩壊と打ち続く戦乱によって農村や都市にあふれた膨大な数の貧民／流民の一部がジプシーとされた。浮浪者や乞食の群れもそう呼ばれた。盗賊や山賊がジプシーとされたこともあった。どの時代、どの国でも、流しの楽師や占い師、鍛冶や博労などがジプシーと呼ばれた。ジプシーとは奴隷だったところもあった。

ようやく、一八世紀後半になって「ジプシー」の明確な定義が登場した。啓蒙主義ドイツの歴史学者グレルマンが唱えた「ジプシー＝インド起源の放浪民族」というのがそれである。以後、現在に至るまでこの定義が広く流通するようになって、「ジプシー民族」の歴史や言語や文化が語られるようになった。

その過程で、この定義は歴史的にさかのぼってずっと昔の時代にも適用され、あるいは地理的に拡大されてヨーロッパ以外にも投影されるようになった。こうして、かの「小エジプトから来た巡礼」も「インド起源の放浪民族」とされ、さらには一一世紀のバルカン半島にすでに「ジプシー」がいたとされ、あるいは中東、インド、また遠く日本などでも「ジプシー」の存在が報告された。

一九世紀になると、「ジプシー民族」のなかに機械制大工業の近代文明に抗して自然の中で昔ながらの素朴な生活を送る「高貴なる野蛮人」が発見された。二〇世紀には、ナチスドイツによって「劣等人種」とされて皆殺しの運命に遭った人たちの一部が「ツィゴイナー（＝ジプシー）」と括られた。

ジプシーとされたさまざまな人間集団の実体が科学的に解明されて、それが歴史学や社会学、文化人類学その他の学問的観点から本格的に考察されるようになったのは一九七〇年前後以降のことである。欧米で多くの調査と研究が蓄積されて「インド起源説」に根本的な疑問が投げかけられ、これを否定する新しい科学的なジプシー論が提起されるようになった。「パラダイムの転換」（イタリアのジプシー研究者ピアセーレ）とも評される展開である。しかし日本では、こうした新しい科学的な議論はほとんど顧みられることなく、いまに至るもグレルマン流の旧態依然たるジプシー論が横行している。

本書は、ジプシーの歴史を新しい視点から問い直してみるという意味で『ジプシー史再考』と題した。グレルマンの議論にもとづくこれまでの「ジプシーの歴史」（「正史」と呼んでおく）は、各地、各時代に見出されたさまざまな人間集団を、さしたる根拠もなく、ただその呼称や外見、生業などから類推して「ジプシー」と括り、その何百年の歴史を綴ってきた。しかし、こうして「ジプシー」と一括された人間集団は、はたして本当に、はるか昔にインドを出てヨーロッパにやってきて、異郷の地で数々の苦難を生き抜き、各地に分散しながらも昔からの独自の文化を連綿として引き継いできた同じ一つの「民族」なのか。

この疑問に答えるためには、「正史」がジプシーとしてきた人間集団の実体を検討してみなければならない。一九七〇年代以降の欧米における新しい研究の成果を踏まえて、これまでの「正史」が典拠としてきた資料を読み直しつつ、彼らの実体を探ったのが本書である。「インド起源の放浪の民」という異国的、神秘的、魅惑的な伝統的ジプシー像を壊すことになったかもしれないが、それでもこれがジプシーの真実であると考える。

ところで、このような議論がある——「ジプシー」とは「差別語」であり、これに代えて「ロマ」という呼称が使用されるべきである、と。どうしてもジプシーという語を使わなければならないときはカギ括弧で括るなりしてその意味を限定しなければならない、という。基本的な論点に絞って、こうした議論の当否を簡単に検討しておきたい。

なぜ「差別語」なのか。おもに二つの理由が語られる。

一つは、ジプシー、および大陸ヨーロッパで一般的なツィガン系の語には、そもそもの最初から(語源からして)差別的意味があったとする。すなわち、ジプシーという語は得体のしれない異邦人として「エジプト人」と誤解されたことに発し、いっぽうツィガン系の呼称は「不可触民」の意の古代ギリシア語「アツィンガノイ」から来たという。しかし、正しくは、「エジプト人」とは一五世紀にはじめてヨーロッパに登場した集団の自称であったし(第二章を参照)、「アツィンガノイ」とは、一説によれば「鉄を加工する人」という意味の古代ペルシア語「アシンカル」に、もう一説によれば自らの**聖性**を強調した九世紀のキリスト教異端派「アティンガノイ」に発する(第一章を参照)。最初から差別的意味があったとするのは明らかな謬見である。

理由のもう一つは、貧民／流民、乞食、浮浪者、泥棒、野盗などがジプシーとされてきた長い歴史的過程の結果として、蔑み、賤しむ差別的含意が形成されたとする。これはそのとおりである。だが、その一方でジプシーは、神秘的な占い師として、超絶技巧の楽師や芸人として、熟練の鍛冶や博労として、多様な日用雑貨の行商人として、畏怖され、歓迎され、また重宝されてきた人間集団で、近世以降の社会生活に欠かせない存在であった。つまり、その時どきの文脈に応じてさまざまに受け止められてきたのであって、賤視／蔑視が主流社会の唯一の視線であったわけではない。ジプシー研究の重要な課題の一つは、このような相反的な評価が形成されてきた歴史的過程の解明にある。

本人たちの自称であるとして、代わりに「ロマ」という呼称が使用されるべきだという。自称は尊重されるべきである。とはいえ、「ロマ」とはジプシーとされてきた人間集団の一部が使う自称の一つにすぎず、自称はこれ以外にも数多くある。たとえば、シンティ、マヌーシュ、ロマニチャル、ヒターノ、カーロ、ロムングレ、レサンデ、……。こう自称する人びとはほとんどすべてが自らをロマとは峻別する。

主流社会による呼称をそのまま自称とする集団も多い。世に有名な「ジプシー楽団」やスペインのヒターノ（この語はジプシーと同じく「エジプト人」に発する）がその典型である。ドイツではツィゴイナーの呼称は厳しく拒絶されるというが、これはナチス政権による「ツィゴイナー絶滅政策」という特異な歴史的経験の影響と考えるべきである。

ジプシーという語を「差別語」であるとして、これに代えて「ロマ」と総称すべきだとする議論には合理的な根拠は認められない。差別的含意には慎重な配慮が必要とはいえ、総称としてはジプシーの語を使用するのが適切である。この呼称を使うことによってはじめて、時代と地域に応じた彼らの多様性、主流社会との複雑な関係、そしてその独特の生活や慣習などを理解することが可能となる。

ジプシー史再考◆目次

序章　他者による歴史

「ジプシーは自らの歴史を書いたことがほとんどない。文字による伝承という伝統がなかったからである」（イギリスのジプシー研究者オークリー）。

したがって、ジプシーの歴史を書く試みはほぼ一貫して他者に――具体的にはヨーロッパ主流社会に――委ねられてきた。ヨーロッパ社会は、一五世紀初頭にそれとおぼしき異国風の奇妙な遊動民集団がはじめて姿を現したときから、この集団の正体について、また彼らの出身地つまり原郷について、なみなみならぬ関心を寄せてきた。こうして、一八世紀後半以降、ヨーロッパ主流社会のジプシー研究者たちの手によってジプシーの「正史」が編み出されることになった。

一　空想的起源説

ジプシーの正体と原郷をめぐっては、一七八三年にドイツの歴史学者グレルマンが「インド起源の放浪民族」説を唱えるまで、三〇〇年以上にわたってさまざまな議論があった。

巷間では、当初、広くエジプト人と呼ばれた（ここから「ジプシー」という呼称が生まれた。エジプト人＝エジプシャン→ジプション→ジプシー）。一五世紀初頭に中央ヨーロッパ各地で記録されて、その後、主流社会によって最初の「ジプシー」とされた集団が、「小エジプト（または低地エジプト）から来た巡礼」と称したと伝えられたからである。フランスでは、ボヘミア方面から来たとしてボエミアンと呼ばれることが多かった（現在でもフランスでジプシーを指して使われる一般的な呼称の一つである）。当時、東方または南方から侵入してくる「野蛮人」の総称的代名詞であったタタール（モンゴル人）やサラセン（ムスリム）と呼ばれることもあった。やはり東方から来たということでグレカ（ギリシア人）という呼称もあった。いずれにせよ、ヨーロッパ東方の辺境または異境から来た異邦人の集団と受け止められたわけである。

さまざまな「学説」もたてられた。たとえば、ローマ教皇ピウス二世として知られるイタリアの高名な人文主義者ピッコロミーニは、カフカス地方の黒海沿岸の一地域ツォゴルム・テラ（現在のソチとノヴォロシースクの中間あたりとされる）を原郷とした（一四六一年）。ここは、古代ローマの地理学者プトレマイオスが人間の住む果ての地とした場所である。「ツォゴルム」という地名が彼らの呼称「ツィガリ」と、そしてそこの住民の「海の略奪者」という評判が「陸の略奪者」というジプシーのそれと似ているというのがその根拠であった。シリアの古代神官の子孫とする説（ポリドーロ、一四九九年）、古代ペルシア起源とする説（ヴォラテラーノ、一五〇五年）、アナトリア半島とする説（フレーレ、一六世紀。キリスト教異端派アティンガノイの子孫であるとした。大陸ヨーロッパで一般的なツィガン／ツィゴイナーという呼称は、一説によればここからきたという。アティンガノイ→アツィンガノイ→ツィガン）、さらにローマ時代のワラキアとする説（ルシニウス、一五二九年）もあった。中央アジアのタタール起源説（ホッティンガー、一六五一年）、北アフリカのモーリタニア起源説（カエリウス、一五一六年）も主張された。「学説」としてエジプト起源を唱える学者もいた（アグリッパ、一五二七年）。いずれの説も、ピッコロミーニと同様、呼称や外見、生業、生活様式からの類推にもとづく議論だった。

一六世紀になると、外国起源ではなく、地元のヨーロッパ起源を唱える学説が登場した。その代表例がハンブルクの神学者アルベルト・クランツの説（一五二〇年）である。それによれば、ジプシーとは、信仰をもたずに来る日も来る日も「犬のように」生きる「諸民族の人間の屑」であって、各地で「一緒になりたいと望む男女を仲間として受け入れる」無節操な混成集団で、そこにはさまざまな国の出身の浮浪者や泥棒、乞食などが加わっていたという。この説は近世初期の有名な世界誌『コスモグラフィア・ウニヴェルサリス』（一五四四年）を著した神学者ゼバスティアン・ミュンスターによって受け継がれ、敷衍されて、その後長くジプシーの起源と正体にかんする有力な説のひとつであり続けた。

外国起源説と地元起源説を組み合わせた議論もあった。たとえば、スイスの年代記編者シュトゥンプフの説である（一五三八年）。この説の言うところ、一二〇〇年前の一四一八年にチューリヒに現れた「本物のジプシー」は篤い信仰をもった裕福な集団で、物乞いをするようなことは一切なく、飲食や宿泊の代金をきちんと支払って、巡礼を終えてとうの昔に故郷の地に帰ってしまった。今日あたりをうろつきまわっているのは、彼らとはまったく無縁の「詐欺師の混成集団」であって、ただ巡礼を装っているにすぎず、実際には社会的に落ちぶれたならず者の連中である、という。

一七世紀にはユダヤ人起源説が登場した（ヴァーゲンザイル、一六九七年）。それによれば、ジプシーとは、じつは一四世紀なかばに迫害を逃れて森のなかに隠れ住んだユダヤ人であった。その彼らが、異端としてはもっぱらフス派が迫害されるようになった一五世紀に、もはや厳しく追及されることはなくなったとみて町に戻ってきて、ユダヤ人と見破られないように、しかしキリスト教徒と称することもできずに、エジプト人と自称したのだという。ヴァーゲンザイルは、その証拠のひとつとして、ジプシー語にヘブライ語起源の単語が五〇個あまり含まれていることを指摘した。

学説こそ立てられなかったが、「インド起源」を思わせる「証拠」もいくつか指摘されていた。たとえば、一四二二年にイタリア北部のフォルリの一修道士が「彼らはインドから来たと聞いた」と言ったという。一五世紀のフィレンツェのカーニバルの歌に「われらは正真正銘のインド人のジプシー」という一句があった。一四一五年にスペインに来たジプシーの一人が「インドのサバのトマス伯爵」と名乗ったという話もある（ただし、スペインでのジプシーの最初の記録は一四二五年とするのが通説であるが）。

これらの「証拠」にもとづいて、ジプシーたちは最初から自らのインド起源を知っていたとする現代のジプシー専門家もいる（ロマニ〔＝ジプシー〕出身のアメリカの言語学者ハンコック、イギリスのジプシー研究者ケンリックなど）。しかし、これら「証拠」の信憑性の問題もさることながら、そこでいわれている「インド」とはそもそもどこだったのかという基本的な問題がまず問われなければならない。近世初期にいたるまで、「インド」とはきわめてあいまいな地理概念で、はるか東方の豊かな土地というくらいのイメージであった。コロンブスやヴァスコ・ダ・ガマはこうした「インド」の富に魅せられて大航海に乗り出したのである。

二　グレルマンの「インド起源説」と「正史」の形成

ジプシーの起源について語るに足る科学的な探求が始まったのは一八世紀もなかばを過ぎてからのことであった。その最初の試みとなったのが、一八世紀啓蒙主義ドイツの歴史学者ハインリッヒ・M・G・グレルマンの著書（一七八三年）である。彼の描いたジプシー像は、概略、以下のように整理することができる（詳しくは「第四章　グレルマンのジプシー論」を参照）。

ジプシーとは、ヨーロッパ各地に住み、ジプシー、ツィゴイナー、ヒターノ、ボエミアン、タタールなどさまざまな名称で呼ばれるが、すべて同じひとつの民族である。

したがって、全体に共通する身体的、民族誌的な顕著な特徴がある。暗褐色の肌、長い黒髪、黒い瞳、均整のとれた四肢。定住民も多いが、圧倒的多数は決まった住居をもたず、集団で移動する放浪生活。鍛冶や博労、行商、楽師、占い、ザルやフルイの製作、砂金採取、売春など独特の生業に従事する。しかし、怠惰で勤勉を嫌い、実際には乞食と泥棒で暮らす。臆病にして小心。音楽の即興演奏が巧みで、独特の踊りは卑猥である。食事は貧しく、飲酒と喫煙をことのほか好み、人肉食が疑われる。独自の宗教はなく、居住地の宗教に便宜的に帰依する。他人から貰ったボロをまとう。内婚制で、若くして結婚し、多産。ほとんど病気をせず、きわめて健康である。

独自の言葉を使う。それは、「ヒンドスタン」起源の言葉で、このことからジプシーの原郷はインドであると考えてよい。実際、インドには彼らとよく似た人間集団が今でも住んでいる。「シュードラ」と呼ばれる最下層カーストである。その一部が一四〇八年から一四〇九年にかけてティムールの侵略によって故郷を追われ、西へ西へと放浪のすえ、一四一七年にヨーロッパにやってきた。その子孫がいまのジプシーである。

彼らは、ヨーロッパに到着してすでに四〇〇年近くにもなるが、この間、異郷にあってもまったく変化せず、昔と同じ生活習慣をかたくなに維持している。これは、彼らがもともと「東洋人種」だったからである。

彼らは、最初のうちこそ奇特な巡礼としてそれなりに厚遇されたが、そうした「黄金時代」は数十年にして終わり、その後はほとんどの時代を厳しく迫害、排斥されて生きてきた。いまやこのような彼らを、啓蒙主義の政策によって主流社会に同化させて、「有用な市民」として活用することが求められている。

もちろん、これでジプシーの起源の探求が終わったわけではなかった。たとえば、イタリアの書誌学者プレダーリは、言語学的比較に拠るグレルマンの議論に疑問を呈して、ジプシーとは伝説の古代大陸アトランティスの住人の末裔であるとする説を展開した（一八四一年）。一九世紀のフランスのジプシー研究者バタイヤールは、「ジプシー語のインド起源の発見がジプシーの起源の発見を妨げてきた」として、言語の比較に依拠することなく、鍛冶を生業として放浪の生活を送るさまざまな人間集団の存在に着目して、その歴史学的探求と呼称の語源学的追究をつうじて、最終的にヨーロッパの青銅器時代にジプシーの起源を見出すにいたった（一八七五年）。二〇世紀に入ってからでも、ジプシーは「オーストラリア＝マレーシア」のある島から来たとする説を唱えたジプシー出身のイタリア人論者がいた（カッチーニ、一九一一年）。インターネット上には今も、古代イスラエル起源説をはじめとするさまざまな「新説」が数多く漂流している。

しかし、グレルマンの議論は、ドイツ国内はもとより国際的にも広く受け入れられて、ごく最近にいたるまで「科学的ジプシー論」の「定説」として確固不動の地位を占めてきた。

日本におけるジプシー論もまた、その基本をグレルマンの議論に依拠している。このことは関連する日本語文献を一瞥すればただちに明らかとなるが、ここではやや視点を変えて国語辞典の伝えるジプシー像を眺めてみることにしよう。専門家の教えるところ、国語辞典は「鑑」であり「鏡」であって、最新の知見を取り入れて「ことばを正す」という役割を担うと同時に、社会に流通しているがままに「ことばを写す」という役割を果しているからである（見坊豪紀『三省堂国語辞典』第三版序文）。つまりそこには、ある言葉がその時代にどのように理解されているかが反映されていることになる。

たとえば、『広辞苑』最新版（第六版：二〇〇八年）にはこうある。

ジプシー【Gypsy】①インド北西部起源とされ、主にヨーロッパ各地で移動生活を続けた少数民族の総称。六～七世紀から移動し始めて、今日では西アジア・北アフリカ・アメリカ合衆国にも広く移り住み、現在では多くが定住。各地で差別・迫害を受けた。言語はインド－イラン語系のロマニ語を主体とする。独特な生業・伝統を維持。ヨーロッパではボヘミアン、チゴイネルなどとも呼ばれたが、現在は自称のロマ・ロム・マニューシュが使われる。②転じて、放浪生活をする人。

本義の説明のうち、明らかにグレルマン後の知見や議論にもとづくのは、「六～七世紀」という移動開始時期（じつはまったく根拠のない説であるが）と、分布地域や自称の一部だけで、残りはすべてグレルマン由来である。ほかの大小の国語辞書もだいたい同じである。

こうしたジプシー像を前提として、一九世紀以降、彼らの歴史を探る試みが本格的に始まった。グレルマンがほとんど語らなかった一四一七年以前の彼らの足跡、とくにインドにおける具体的な原郷の地、そしてインドからヨーロッパに至った経路が探求のおもな的となった。

探求の主たる担い手となったのは、一九世紀末にイギリスで結成された民間のジプシー研究団体「ジプシー民俗協会（Gypsy Lore Society）」に結集することになる欧米の熱心なアマチュアのジプシー研究者たちであった。彼らは、インドからヨーロッパにいたる各地のジプシーないしジプシー風の人間集団の言語や民話、伝承、風俗、習慣、芸能などを、現地に赴いて観察し、標本を集め、あるいは古文書を掘り出すなどして、その成果を会報『ジプシー民俗協会報』（*Journal of the Gypsy Lore Society, JGLS*）に発表した。

もうひとつ別に、ジプシーの起源や移動経路を精力的に探求した一群の人たちがいた。一九世紀に隆盛をきわめた比較言語学の学究たちである。彼らは、言語にはそれを使う人間集団の歴史が反映されていると考えて、さまざまな言語の比較、そして語源の分析を通じて、その言葉を使う「民族」の起源と歴史を探ろうとした。こうした学究たちによるジプシー語の精緻な言語学的研究と、ジプシー民俗協会の熱心な会員たちによって蒐集された膨大な民俗資料を基にして、個々の具体的な論点については異説が多いとはいえ、しだいに「ジプシー」の歴史について一定の共通認識が形成されていった。

これを仮に「正史」と呼んでおく。このような「正史」を概説した代表例として、クレベール

（一九六三年）やジュール・ブロック（一九六九年）、アセオ（一九九四年）、フレーザー（一九九五年）などの著書をあげることができる（後三者には邦訳がある）。その概略を示せば、こうなる。

ジプシーの原郷はインドである――ただし、それが広大無辺かつ複雑多様なインド亜大陸のどこであるかについては議論百出で、およそコンセンサスは成立していない。

祖先たちは西暦一〇〇〇年前後にインドを出た――このように説く論者が多いが、ここでも無数の異論があって定説は存在しない。彼らがそこでどのような暮らしを送っていたのか、いかなる理由でインドを出ることになったのか、どのようにして出てきたのか、なぜ西方へと向かったのか、などについてもさまざまに想像されているだけである。

途中、ペルシアとトルコを経由してきた――直接的な証拠はないが、この地域には外見や生活様式などがジプシーに似た人間集団にかんする伝承が散在しており、あるいは現在でもそのような人間集団が暮らしていることがその根拠とされる。

一一世紀にはバルカン半島に到着していた――ここには、散発的ながらジプシーと思しき人間集団にかんする記録が残されているという。

一五世紀初頭にヨーロッパ中央部に到達した。一四一七年前後から各地でたびたび目撃された「小エジプト（低地エジプト）から来た巡礼」と称する異様ななりの遊動民集団がそれであった。

当初、自称どおりに巡礼として厚遇された彼らは、やがて、不気味な存在として畏怖されつつも、泥棒、乞食、浮浪者、盗賊、スパイとして嫌われるようになり、各国において厳しく迫害、排斥された。迫害は一八世紀にひとつの頂点に達した。

一九世紀に入って、啓蒙主義の精神にしたがって彼らを「開化」しようとする試みが広がる一方で、現代文明に逆らって生きる「高貴なる野蛮人」というロマン主義の羨望のまなざしが向けられるようになった。

一九世紀後半から二〇世紀初めにかけて、再度、バルカン方面から「ジプシー」が大量に流入してきた。これを受けて、各国で遊動民集団の規制と排斥が強化された。その背後には人種主義思想の急激な高まりがあった。これが、彼らを「劣等人種」としたナチスドイツによるジプシー絶滅政策につながった。

三　パラダイムの転換：一九七〇年代以降のジプシー研究

ただし欧米では、このような「正史」が「定説」として広く受け入れられていたのは、巷間はともかく、少なくともアカデミズム世界においては一九七〇年代に入るまでだったと考えてよい。この前後からジプシー研究が「パラダイムの転換」といわれるほどのまったく新しい局面を迎えて、彼らを「インド起源の放浪民族」とするグレルマン以来の伝統的ジプシー論に根本的な疑問が投げかけられるようになったからである。

イタリアのジプシー研究者ピアセーレがアメリカの科学哲学者クーンに拠りながら説くところによれば（一九八九年）、どのような学問分野も「パラダイム以前の局面」から「パラダイムの局面」、そして「革命の局面」へと非連続的に発展する。「パラダイムの局面」は、研究者たちがあるパラダイム、つまりある理論的・方法論的信条の総体の枠内で仕事を進めるという事実によって特徴づけられる。そのパラダイムは、当該学問分野の研究者たちの諸活動に共通の方向を与え、事実上、彼らの研究を導く一個の認識モデルをなす。ジプシー研究でいえば、グレルマンの「インド起源の放浪民族」説がこれであった。「革命の局面」は、研究者たちがこの方向の統一性を失って、事実上、指導的パラダイムを破壊するときに始まる。パラダイムは危機を迎える。この局面では、さまざまに異なった理論と方法のあいだで競争が生じ、最後には、それまでのパラダイムを完全に排除した新しいパラダイムが承認される。ジプシー研究は今この過程にあるという。

こうしたパラダイムの転換を促したのは、とくに以下のような諸研究の進展である。

第一に、社会／文化人類学にいう「参与観察」の手法を使った世界各地のジプシー集団の実証的な研究が大きく進んだことである。この分野における先駆的業績の一つはこう指摘する。「二世紀以上にわたって多くの著作や論文がこうした人たちの生活や歴史、文化を記録したと称してきた。その言語や歴史、民俗については価値ある研究が存在する。しかし、彼らの社会構造や社会組織にかんする信頼できる研究はほとんどない。これは不思議ではない。というのも、現在では、そのためには対象となる集団との長期にわたる接触と親密な交流が、つまり社会人類学者がふつう『参与観察』と呼ぶところのものが必要とされると、広く認められているからである。これには、情報提供者の信頼を得て進められる長期間の観察と、『小麦の実と殻を選り分ける』若干の訓練が必要である。……この数年になってようやく、こうしたことが可能となった。訓練を積んだ社会人類学者や社会学者がこの種の集団に関心を向けるようになったからである」（イギリスの社会人類学者レーフィッシュ、一九七五年）。

こうした研究によって、ジプシーをはじめとする世界各地の遊動民集団の生活の実態や社会構造が科学的に解明されていった。その結果、ジプシーと呼ばれる人びとがそれぞれの住む国や地域の歴史と社会と文化に深く規定された存在であること、そして歴史的にじつに多様な人びとが主流社会によって「ジプシー」とくくられ、そう扱われてきたことが明らかにされた。同時に、「ジプシー」とはまったく無関係であると自他ともに認めるにもかかわらず、多くの点で共通する要素をもった人間集団が、世界各地に多数存在していることも証明された。

第二に、ヨーロッパの社会史の研究が格段の発展を見せ、それとともにジプシーの問題も中世以降のヨーロッパ史の具体的な展開過程のなかで考察されるようになったことである。なかでも重要なのは、中世から近世への歴史的移行期にあった一五世紀から一六世紀にかけてのヨーロッパ社会では、崩壊しつつある旧体制から放出された膨大な数の流民層／貧民層が重大な社会問題となっていたが、従来の歴史研究ではほとんど取り上げられることのなかったこうした流民／貧民の研究が本格的に始まり、その実態や歴史的、社会的な意味が明らかにされていったことである。「ジプシー」もまたこうした社会層の一部を構成していた。最近のある歴史学的研究は、かつてのジプシー研究がこのような歴史的文脈を顧みることなく、それとはまったく無関係にほとんど「真空状態」のなかで進められてきた事実を指摘している（イギリスのジプシー研究者メイオール）。

そして第三に、「民族」の理解が深まったことである。一八世紀に入って広く使われるようになった「人種」や「民族」という概念は、当初、固有の本質を備えたきわめて実体的・不変的な人間集団を指すと理解された。とくに一八世紀のドイツでは、歴史哲学者ヘルダーの唱えた「民族精神」を下敷きとしつつ「言語」に着目して「民族」が語られた。しかし、二〇世紀後半に飛躍的に発展した民族理論、たとえば一九七〇年代に始まる「想像の共同体」（ベネディクト・アンダーソン）などの現代的理解は、固有の本質を備えた実体的・不変的な人間集団というこのような「民族」の存在を否定する。

以上のような流れを踏まえて、従来の伝統的ジプシー論が根本から見直されるようになった。グレルマンの研究自体が、一八世紀ドイツ啓蒙主義という揺籃期の近代科学の限界内にあったことがあらためて確認され、くわえて彼の議論に固有のさまざまな問題点が指摘されるようになった。さらに、上述のように、グレルマン以降のジプシー研究の主要部分が、一九世紀ロマン主義の風潮のもとで、一方では「小麦の実と殻を選り分ける」ために必要な学問的訓練をかならずしも積んできたとはいいがたい熱心なアマチュア研究者の手に、他方では「民族」の起源を言語に拠って追求しようとする一九世紀に隆盛を迎えた比較言語学の研究者たちに委ねられてきた結果、「言語」や「民族」といった概念がもてはやされた時代思潮を色濃く反映して、「インド起源の放浪民族」というグレルマン以来のジプシー観が確固不動のものとなっていった経緯が明らかにされた。

こうして、一九七〇年代以降、グレルマン後の新しいパラダイムの模索が始まり、欧米の各国で新しい研究が続々と発表されてきた。代表的な諸論考をいくつか簡単に紹介しておこう。

最初期の試みのひとつとして、ポーランドの歴史・社会学者ヘイモフスキの研究をあげることができる（一九六九年）。彼は、スウェーデンで「タターレ」と呼ばれている「ジプシー集団」が、さまざまな経緯によって没落し孤立したスウェーデンの土着住民の子孫であることを、その三〇数家族の系譜をたどることによって実証した。ただし彼は、「インド起源の放浪民族」としての「ジプシー」の実在を疑わず、「タターレ」のそれとの系譜的関係を検討した点で、いまだグレルマンのパラダイムから完全には脱却していなかったといってよい。

カナダの社会学者コーンは、言語学的証拠は最初のジプシーがインドから来たことを疑問の余地なく示しているとしながらも、カナダのジプシー集落に自ら入り込んで行なった参与観察の成果にもとづいて、こう結論した（一九七三年）。「……実際、ジプシーは完全にヨーロッパ人である。というのも、その祖先の大多数がヨーロッパ人であるばかりでなく、集団の全体が何世紀にもわたってヨーロッパの文化圏に生きてきたからである」。こうしたコーンの議論は、未知の人間集団を科学的に理解しようとする参与観察という研究手法と、「民族」を固有の本質を備えたきわめて実体的・不変的な人間集団ととらえる一八世紀的観念から脱却してそれを優れて歴史的、社会的な構成体ととらえる現代の民族概念に立脚していた。一九七〇年代以降、ジプシー研究において主流となったアプローチであるといってよい。

イギリスのジプシーについて長期の参与観察を続けた社会人類学者オークリーは、ジプシーが記録されるようになった一五世紀初頭がヨーロッパの中世から近世への移行期にあたることに注目して、「あくまでも推論であるが」と断りながらも、生活手段と住処を奪われた大量の貧民／流民層に起源が求められる可能性に言及した（一九八三年）。こうした観点からオークリーは、一四世紀のイギリス諸島には「徒歩旅行者」や「浮浪者」が多数いて、そのなかには旅芸人や行商人、束縛を解かれた農民、説教師、托鉢僧、巡礼などが含まれていたこと、一五、六世紀になるとヨーロッパの全域で村や農場から逃げ出した浮浪者や、荘園から追放された召使や従僕、羊毛工業の拡大によって土地を追われた農民など、生活手段を失った「中世の……追い立てられた人びと」の群れが存在した事実に着目した。「この人びとのなかに、多くのジプシーの祖先であると考えられる人たちもいたのではないか」。

フランスのジプシー研究者リエジョワもまた、ジプシーの祖先の一部にインド起源の遊動民が含まれる可能性を認めながらも、時代背景の歴史的な分析にもとづいてこう結論した（一九八六年）。「インド起源のトラヴェラー（移動生活者。イギリスやフランスで「ジプシー」という呼称に代えて使われることが多い」は、ときとして地元起源のトラヴェラーに遭遇し、彼らを吸収し、あるいは彼らによって吸収された。……ときに文化的、社会的な相互交流が生じ、その結果、こうしたさまざまな起源を反映する混血集団が形成された。……インド起源の集団を地元起源の集団と区別することは、いまや恣意的であり、社会的、政治的、人類学的、文化的に不適切である。彼らは、地域的に、そしてより広域的にも、相互に影響しあって、彼らすべてを同じ人間集団と扱う社会環境のなかで同じ位置を占めている」。リエジョワにとって基本的な問題は、その人間集団の血統的あるいは地理的な起源ではなく、「社会環境のなかに占める位置」にあった。リエジョワは、広くヨーロッパ社会において同様の社会環境のなかで定住民とのあいだで結ばれてきたさまざまな関係の蓄積の結果として、こうした集団に共通するいくつかの本質的な特徴が形成されたとして、これにもとづいて「ジプシー」をさまざまな違いを内包しながらも「一つの民族」ととらえることができるとした。

フランスの社会学者マルティネスは彼らを「社会的孤立集団」ととらえた（一九八六年）。「社会的孤立集団という定義は、この遊動民を世界中どこでも同じ文化をもつ同じ起源の人間集団であるとする考えを否定する。それは、閉鎖性とともに、社会的移動――いまの場合は社会的・経済的地位の下降移動――というさまざまに分岐する長い歴史的な行程をイメージさせる。拒絶されながらもたいていの社会の周縁部にかなり多数で存在するこの遊動民集団には、主流社会の文化のゆがんだ複製としてのサブカルチャーがある。同じような社会的地位が、この遊動民集団の集合心理に共通して認められる独特の特徴を、そしてその社会的行動を説明する」。こうした観点から彼女もまた、ジプシーが記録されるようになった一五世紀初頭という時代背景に注目した。ヨーロッパは「社会的大激動」の時代を迎え、「一四世紀と一五世紀の街道はどこも往来が激しかった。社会状況はきわめて不安定で、遍歴はひとつの生き方だった」という。

イギリスのジプシー研究者メイオールは、「ジプシー」(彼は「ジプシー=トラヴェラー」という呼称を使う)が、グレルマン以来、「人種」ととらえられてきたことの問題性を指摘した(一九八八年)。その結果、フィクションにもとづくジプシー像が横行するようになったばかりでなく、ナチスドイツによる「劣等人種」としてのジプシーの絶滅政策に道を開いたという。彼によれば、「ジプシー」とは定住民社会の周辺に暮らす遊動民集団であった。彼もまた、一五世紀初めにヨーロッパに到着した異邦人の遊動民集団が、ここで土着の遊動民集団と遭遇し、相互にまじりあった可能性を否定しない。しかし、「問題の核心をなしたのは、〔遊動と定住という〕相対立する二つの生活様式のあいだの相違と衝突であった。……この対立こそが……彼ら全体を定住社会の様式と慣習から区別したのである。人種の衣は、迫害を説明し、正当化して、議論を封じ込めることができるが、これは隠蔽でしかない。衝突は、根本的に、ますます逆の方向に進む二つの異なった生活様式のあいだのそれである。ここにおいては、一方の規範は他方のそれによって全面的に否定される」。こうした観点から彼は、ジプシーをはじめとする遊動民集団が定住民社会によってどのように規定され、どのように扱われてきたかを、イギリスの事例に即して、一連の著作で詳細に分析してきた。

ヴィレムスヤルカッセン兄弟らに代表されるオランダの社会人類学者と歴史学者のグループは、「ジプシー」とされる人間集団の形成において「烙印押捺」という社会的プロセスが果たした役割を強調した（一九九七年）。

それによれば、ジプシーと呼ばれる人びとの起源はおもに封建制の崩壊から資本主義体制への移行の過程でヨーロッパ各地に広く発生した雑多な出自の貧民・流民層にあり、こうした人たちが定住民の主流社会とそれぞれの時と場所に応じて特殊な関係を取り結ぶなかで、「ジプシー」という特異な社会的な存在形態が形成された。この過程で決定的な役割を果たしたのが、時の政治権力や教会権力による「烙印押捺」というプロセスであった。すなわち、彼らの観点からして政治的・社会的に好ましくないと考えられた人間集団のカテゴリーを設定して、この人間集団に属する個々人を異端者または犯罪者と断定して社会から排除・排斥してゆくプロセスである。排除・排斥の基準となったのは、近代ヨーロッパ国民国家を構成する国民として、善良なキリスト教徒で、決まった場所に住み、雇用されて賃金労働に従事するか否かだった。こうした条件を満たさない貧民・流民が排除・排斥の対象となった。そこには、一見して異邦人風の集団をはじめ、乞食や浮浪者とされた人間集団のほか、流しの芸人や占い師や興行師、よそ者の行商人や鋳掛屋や博労などが含まれていた。

このようにして主流社会から排除・排斥される関係がいったん成立してしまうと、排除・排斥する側はそのための制度や仕組み——弾圧・排斥の法体系、警察組織、救貧制度、免許制度、その他——を精緻に築きあげ、同時にそれを正当化するイデオロギーを編み出す。他方、排除・排斥される側は、そのような条件のもとで生きてゆくための独特の生活様式や文化を形成してゆく。

しかも近代社会にはつねにさまざまな「隙間」があって、主流社会によって「烙印押捺」されて排除・排斥されたこうした人間集団にも居場所があった。このような「隙間」にあって地域社会に不可欠なさまざまな「サービス」を提供することによって、そこに生活基盤を得て再生産されていったのである。主流社会の側も、「隙間」を埋めるという社会的・経済的な機能を果たす限りにおいて、このような人間集団の存在をつねに許容してきた。このようにして、今日みられる「ジプシー」と呼ばれる人間集団が近代ヨーロッパに広く形成され、再生産されてきたのである、と。

こうして、ジプシーの歴史をめぐる議論は、「インド起源の放浪民族」としてのジプシーの足跡を辿るというグレルマン以来の伝統の桎梏から解放されて、ジプシーと呼ばれる人間集団の特異な存在形態やその多様性がヨーロッパにおいていかにして形成され、数百年にわたって再生産されてきたのかを探求する新しい局面を迎えたのである。

四　ジプシー研究の「風土」

しかし、このような研究の進展と新しいジプシー論の展開にもかかわらず、ヨーロッパにおいてさえ、グレルマン以来の「インド起源の放浪民族」を自明の前提とする議論が、巷間にかぎらず一部学説においてもいまなお大手を振るっているという事実は指摘しておかなければならない。

これはいったいなぜなのか。

考えられることのひとつは、一九七〇年代以降の新しい研究と伝統的なジプシー論との間で対話がほとんど成立していないことである。最終的に実のある成果をもたらさずに終わったいくつかの対話の試みからは、以下のような構図が浮かび上がってくる。すなわち、上述のように、伝統的なジプシー研究は、比較言語学を唯一の例外として、歴史学や政治学、人類学や社会学などのアカデミズム世界によってほとんど顧みられることなく、おもにジプシー民俗協会の流れをくむアマチュアのジプシー研究者たちによって担われてきたという長い歴史を有する。彼らには、世界各地の「本物のジプシー」と直に接していわば生の資料を収集し蓄積してきた自分たちこそが本当に「ジプシー」を知っているという強い自負があって、アカデミズム世界の議論にたいしては「机上の空論」として抜きがたい不信感を抱いているように見える。他方でアカデミズム世界の研究者は、伝統的ジプシー論者の議論を主観的な思い入れにもとづいた「物語」であるとしてその「非科学性」を強調することが一般的である。

たとえば、上記マルティネスの議論にたいしては、伝統的ジプシー研究者の陣営から「彼女は実際のジプシーを知らない」といった「批判」の集中砲火が浴びせられた。いっぽう、「ジプシー研究の貧困」という論文を書いたアメリカのある政治学者は、従来のジプシー研究における「信頼できる客観的データの欠如、研究書や論文の圧倒的多数の非学問性、論者の活動家精神、強固なPC志向など」が仕事の学問的性格を損ない、客観性を失わせる原因となってきたと指摘している（バラーニ）。こうして両者の議論は最初からすれ違ってしまうのである。

そして第二に、近年とくに進展の著しい言語学や社会学、社会／文化人類学などの分野におけるそれぞれのテーマに即した個別研究のスタイルの問題があるのではないか。そこでは、ジプシーの定義や歴史、起源などの問題は、本題とは直接結びつかない背景的な事項として、「はしがき」や「序論」、ときには「脚注」においていわば「ついでに」取り上げられることが多い。しかもその際、上述した一九七〇年代以降の新しい研究があらためて検討されることはほとんどなく、基本的にグレルマンの議論の枠内で展開されてきた「正史」が参照されるだけで、それがそのまま踏襲される（日本でもそうである。たとえば、［金子：二〇〇九年］は「はじめに」で「ロマ（＝ジプシー）のインド起源はすでに一八世紀後半、ロマが使う言語、ロマニ語の比較研究をおこなった数名の研究者によって実証されている」と片付けている）。こうして、特定の分野においてジプシー研究が深まって興味深い新しい知見が蓄積されれば、それとともに旧態依然たる「正史」もまたいっそうの市民権を獲得するという逆説的な現象が生じているのである。

第三に、背景的な事情として、ヨーロッパにおけるジプシー研究を取り巻く社会的風土といったものが存在するように思われる。まず日常的に接する「ジプシー」のイメージの問題である。

ヨーロッパ主流社会の目には、とくに都市部においては、「ジプシー」は何よりも浮浪者、乞食、泥棒、極貧の難民、不法移民、傍若無人のよそ者集団、等々として映る。彼らにたいしてほとんど生理的な嫌悪感を抱く市民が圧倒的に多いことは、各国各都市での世論調査の結果に如実に示されている。「隣人になりたくない人間集団」の抜きん出てトップに来るのは、どこでもつねに「ジプシー」なのである。アカデミズム世界の研究者の多くもこうした嫌悪感を共有していて、ジプシーの問題が本格的な研究対象として取り上げられることはまれである。ジプシー研究を志してヨーロッパに渡った社会学専攻の日本人留学生が、担当教授から「他にもっと適切な問題があるだろうに」といって研究テーマの変更を求められたという実際の話がある。

その一方で、一九世紀ロマン主義以来の、あるいはさらにさかのぼってセルバンテスの『ジプシー娘』（一六一三年）以来の、ジプシーにたいするある種の憧憬、畏怖、神秘化といった伝統的な心象世界が存在する。こうしたイメージは、無数の詩や小説、童話や民話、歌や踊り、音楽やオペラ、絵画や工芸品、映画や演劇、新聞・雑誌やテレビなどを通じて繰り返し再生産されてきて、ヨーロッパ人の意識のなかにいわば血肉化されている。人びとは現実の「ジプシー」にたいしては激しい嫌悪感を抱きながらも、想像世界のなかではほとんど無意識のうちにこうしたイメージをはぐくみ、しかもそこに矛盾を感じていないらしい。「冷たい」学問的研究によってこうした「ロマンティックな」イメージが破壊されることを望まない人も多いことは、伝統的ジプシー論者によってさえ指摘されている。

最後に、いわゆる「ロマ民族主義」の影響が指摘されなければならない。みずからを「近世以来のヨーロッパの少数民族」と規定して、「ジプシー」や「ツィゴイナー」といった主流社会による呼称を拒否して「ロマ」と自称し、「少数民族」としての権利主張を基本に据えるこの運動には、ロマ国際連盟やロマ民族会議などの国際組織のほか、いくつかの各国組織が知られている。その組織の実体や運動の内実、支持基盤などについてはさまざまな議論があるが、「ジプシー問題」を抱える各国政府や、民族問題に「敏感」な国連やヨーロッパの国際諸機関、そしてマスメディアにたいして少なからざる影響力をもっているという現実は否定できない。とくに、「ジプシー問題」の深刻なヨーロッパ諸国においては、これら組織がさまざまなNPO／NGO組織とともに政府施策の実務を委ねられているケースも多い。こうしたことの結果として、大手メディアのあいだには、そして一部アカデミズム世界においてさえ、極端な場合、「インド起源」をはじめとするその「正しい」主張は尊重されなければならないとして、あえて異を唱えようとしない「PC」的対応が散見される。

ひるがえって、日本にはこうした「風土」は存在しない（マスメディアのあいだでは、ロマ民族主義の主張する「ロマ」という総称の無批判的な使用がすっかり定着しているという現実はあるが）。ここには、ジプシー社会は存在せず、したがってその研究を積極的に促進する要因もないかわりに、それを縛る雰囲気や伝統も存在しない（はずである）。このことは、日本でジプシーの問題を考えようとすれば、ヨーロッパの研究の蓄積に全面的に依拠することを不可避とする反面で、それらをヨーロッパ的固定観念にとらわれることなく、客観的に見直すことを可能とするはずである。

第一章　バルカン半島にて

バルカン半島はインド方面からヨーロッパへの入り口にあたる。グレルマンの説くとおりジプシーはインドに発して一五世紀初めにヨーロッパ中心部に到達したのだとすれば、途中、バルカン半島を経由したに違いない――こうした観点から、ジプシーの歴史の探究者たちは、とりわけ一九世紀以降、バルカン半島にその足跡を探し求めた。こうしていくつかの痕跡らしきものが発見された。それらを証拠として、ジプシーは一一世紀半ばにはバルカン半島に到着し、一四世紀末までにここに広く定着していたとする「正史」が語られるようになった。だが、ここで「ジプシー」とされた人間集団は、本当にヨーロッパの知るジプシーと同類の人びと、またはその祖先だったのか。

一　アトス山のアツィンカニ

ヨーロッパにおけるジプシーの最初の記録は一〇六八年ごろにバルカン半島南部のアトス山の

イベロン修道院で編纂されたジョージア（グルジア）語聖人伝『アトス山の聖ゲオルギウスの生涯』にある——というのが、今日ほぼすべての論者の認める定説となっている。

それによれば、ビザンツ帝国のコンスタンティヌス・モノマクス帝時代の一〇五〇年ごろ、帝都コンスタンティノポリスのフィロパテオン皇室猟場に野獣がはびこって猟獣を食い荒らした。これを退治させるために皇帝は、「魔術師シモンの子孫で、呪術師および悪党として名高かったアヅィンカニという名のサマリア人」を召し出した。そのアヅィンカニたちが猟場内に仕掛けた肉片を食って、野獣はたちどころに死に絶えた。この様を怪しんだ聖ゲオルギウスが、件の肉片に十字を切ってアヅィンカニの魔術を暴露したというのである。

この「アヅィンカニ」がバルカン半島における最初のジプシーとされるのだが、その根拠は主として一九世紀の言語学的研究の成果に負う。それによれば、「アヅィンカニ」という語は、疑問の余地なくギリシア語の「アツィンガノイ」のジョージア語表現であり、そしてこのギリシア語の「アツィンガノイ」は、大陸ヨーロッパでジプシーを指して広く使われている言葉——ドイツ語のツィゴイナー、フランス語のツィガーン、イタリア語のチンガリ、スラヴ語のツィガンなど——の語源となった語である、と。つまり、今日の呼称の語源となった言葉で記録されている以上、彼らはわれわれの知るジプシーの同類またはその祖先に違いない、という考えである。

このアヅィンカニとはどのような人たちだったのか。聖人伝は、上述のように、「魔術師シモンの子孫で呪術師および悪党として名高かった……サマリア人」で、その魔術によって皇室猟場の害獣を退治した、としか伝えていない。ここにある「魔術師シモン」とは、西暦一世紀にサマリアとローマで活躍したキリスト教宣教師シモンのことである。その教えは後にシモン派グノーシス主義という異端に発展し、正統派教会からはすべての異端の始祖とされた。新約聖書の「使徒言行録」では「魔術を使ってサマリアの人びとを驚かせ……」と言及され、そのゆえに「魔術師」というあだ名が付せられるようになったという。一方、「サマリア人」とは、古代イスラエルの都市サマリアがアッシリアに占領されたあとここに住み着いた異民族を指し、かつてここに住んでいたユダヤ人からすれば異教徒の異邦人であった。キリスト教ではルカ福音書に「良きサマリア人」の話があって、これは「良き隣人」のたとえとされている。異邦人の異教徒として一般的には好ましからざる人間集団であるサマリア人のなかにも「良き隣人」はいる、というニュアンスのようである。

　以上からすれば、アヅィンカニとは、実際には当時のコンスタンティノポリス周辺にいて「良き隣人」として主流社会に受け入れられていた異邦人の呪術師の集団であった。それが、正統派キリスト教会によって、怪しげな「魔術」で皇帝をたぶらかしたとして「魔術師シモンの子孫」というレッテルを貼られることになった、と考えてよさそうである。

　一二世紀に入って、こんどは「アティンガノイ」と呼ばれる人間集団が教会文献に登場する。右の「アツィンガノイ」と似た呼称であることから、多くの論者はこれがビザンツ帝国における「ジプシー」の二番目の言及とする。

それによれば、七世紀のトルッロ公会議（六九二年）の教会法に、熊やその他の動物を連れまわし、これを使って運勢を占うことで素朴な人びとを騙し、食い物にする輩にたいして六年間の破門を警告した条項があって（第六一条）、これを解説して後世の教会法学者テオドーレ・バルサモン（一二〇四年頃没）がこう述べている。「熊を連れまわす者を熊つかいという……。アティンガノイと呼ばれる別の者は、蛇を体に巻きつけて、ある者には悪の星の下に生まれたと告げ、別の者には幸いの星の下に生まれたと語り、また来るべき幸運または悪運について予言する」。

つまり、アティンガノイとは、熊などの動物を使った占い師と同類で、正統派キリスト教会からすれば「素朴な人びとを騙し、食い物にする」怪しげないかさま師の集団であった。害獣退治という功のあった先のアヅィンカニ（＝アッィンガノイ）とは異なった人間集団のように見えるが、教会の教えに背いて占いをし、魔術を操ったという点では同類だったようである。

バルサモンの言及するこの「アティンガノイ」は、上述のように、先の「アッィンガノイ」（＝アヅィンカニ）と一見して音韻と語形が似ていることから、同一または同種の人間集団、つまり「ジプシー」を指すとされたのだが、じつは言語学的には、この二つの言葉の関係についてはかねてから議論が分かれていて、いまだ決着していない。

一九世紀オーストリアの高名な言語学者ミクロジヒが唱えて以降、広く流布されている説によれば、九世紀にビザンツ帝国版図内のアナトリア半島で隆盛したキリスト教異端派のひとつに「アティンガノイ」というのがあって、この異端派アティンガノイが占いをやったとされたことから、同じく占いをやるとみなされた別の人間集団にもこの名称が使われ、それがやがて転訛して「アツィンガノイ」となったのだという（ジプシーをキリスト教異端派アティンガノイの子孫であるとした一六世紀のフレーレの説が想起されよう。一六頁参照）。

これにたいして、ギリシア語においては「ティ〔thi〕」が「ツィ〔tsi／tzi〕」に転訛することは音韻学的にありえないとして、「アティンガノイ」と「アツィンガノイ」は起源を異にするまったく別の言葉であり、それぞれ異なる人間集団を指すとする有力な異論がある。この説によれば、「アティンガノイ」とは間違いなくキリスト教異端派集団の名称であるが、いっぽう「アツィンガノイ」とは「鉄を加工する人」という意味の古代ペルシア語「アシンカル」に発し、これが初期ギリシア語の「アツィンカノス」を経て「アツィンガノイ」になったのだという。したがって、「アティンガノイ」と「アツィンガノイ」はそれぞれまったく別の人間集団を指し、ときとして前者が「アツィンガノイ」とも表記されるのは、音韻学的な転訛ではなく、一見して両者の発音と字面が似ているために生じた混同の結果にほかならない、ということになる。事実、明らかに異端派アティンガノイについて論じた一三－一五世紀の文献に「アツィンガノイ」という表記がしばしば登場するという。

そうとすれば、バルサモンが言及した「アティンガノイ」は、本来の異端派アティンガノイを指すのか、それとも後生によって「ジプシー」とされたコンスタンティノポリスの呪術師集団アツィンガノイと同類の人間集団を指すのかという疑問が生じよう。

異端派アティンガノイについては、この宗派が異端派として拒否されるべき理由を記した九世紀のものとされる正統派教会文献に以下のような記述がある。

私は、過去の世代、現在の世代、そして未来の世代のアティンガノイの歴代の教師たちを呪詛する……。非ユダヤ教徒のごとくに割礼と洗礼を軽侮しながらも、ユダヤ人のごとくに安息日を順守する者を呪詛する。占い、魔よけ、魔術を行なう者を、それらによって人を害し、または益すると約束する者を呪詛する。……悪魔の類を呼び出し、その助けを得て自らのもとに月を引き寄せ、望む何事かを月に問う者を呪詛する。星ぼしに人間の名前を与える者、そしてその悪魔的妄想によって、この星はあの星の光を消し、この星は他のすべての星よりも大きくて運が良いと述べながら、彼らをそそのかして互いに対立させようとする者を呪詛する。自らの清純を装いつつ、自らの信仰の外の者はすべて穢れているとして人間不信を教える者、そしてそれゆえに、自らに他人と接することを許さず、また他人により接されることを許さず、他人の手に何かを与え、あるいは他人の手から何かを受け取ることを許さない者を呪詛する。

彼らは、信者たちを感銘させるために、声を大にしてこう叫んだという。「私に触れるな！清らかな私に」。アティンガノイという彼らの名称は、この独特の態度から来たという（古代ギリシア語のこの語には、「私に触れるな」という意味があるという)。「蛇」の件はともかくとして、星占いのさまはバルサモンのいうアティンガノイの行為とそっくりではないか。五〇〇年も昔のトルッロ公会議の教会法の規定を解説したバルサモンだから、さかのぼって九世紀の異端派アティンガノイを引き合いに出した可能性も捨てきれないようである。

いずれにせよ、九世紀に実在したキリスト教異端派アティンガノイを何かの理由で連想させる名称で呼ばれていて、正統派キリスト教会から魔術や占いをやる異端として非難、排斥されたさまざまな人間集団が、グレルマン後の研究者たちによってこの時代この地域のジプシーとされた、と考えてよいのではないか。彼らが「インド」と何か関係があったのか、あるいは後世のジプシーとどのようにつながるのかは何も議論されていない。

二　ビザンツ世界のエジプト人

「ジプシー」という呼称が「エジプト人」に発するという事実が示すように、近世ヨーロッパにおいてジプシーは広く「エジプト人」とも呼ばれていた。ビザンツ世界でも一三世紀頃から「エジプト人」の存在が言及されていて、このことを根拠としてここでもすでにこの頃からジプシーが存在したとする議論が多い。

当時のビザンツの文献にはエジプト人に言及している例がいくつもあった。もっとも早いのはコンスタンティノポリス総主教グレゴリオス・キプリオス二世（一二三八－九年）時代の文献とされ、それは「いわゆるアイグプティオスとアティンガノウス」から徴収されるべき特別税とこれらの税金の徴収の下請け慣行について語っている。このアイグプティオス（＝エジプト人）は実際には農奴であったらしいが、上記のアティンガノウスと併記されていることから、ジプシーの意と解してよいとされる。

つぎに、ニケフォルス・グレゴラス（一二九五－一三六〇年）という歴史家が、皇帝アンドロニクス二世（一二八二－一三二八年）の時代にアラビアやペルシアの一帯を経てコンスタンティノポリスに現れた遊動の「エジプト人軽業師」集団について詳細に報告している。遠くスペインまで渡っていったと伝えられる彼らを、後世の論者はじつはジプシーだったのではないかとする。

……この時代（一四世紀の最初の二、三〇年）のコンスタンティノポリスで、巧みに曲芸を操る移動民の集団――その数二〇人以上――が目撃された。昔は知られていなかった人たちである。もともとエジプトから来たが、その頃は、東方から北方へといたる巡回路をたどってカルデアからアラビア、ペルシア、メディア、アッシリアを回っていた。それから西へと転じて、コーカサスのイベリア、コルキス、アルメニアへと向かい、そこからあらゆる民族の住む中間の地を通ってビザンツ帝国に来た。訪れた途中の村や町で軽業を披露したが、それは人の度肝を抜く、想像も絶するほどの曲芸だった。それを彼らは、魔法を使ってではなく、長年の鍛錬の成果として器用に演じたのである。……、その芸を演じるのはきわめて危険で、安穏な暮らしではなかった。落ちて死ぬこともしばしばだった。そのために、故郷を出たときは四〇人以上だったのが、ビザンツ帝国に到着したときには二〇名あまりしか生き残っていなかった。われわれ自身も、目の前でひとりが落ちて死んだのを見た。観客からたくさんのお金を集めて、金儲けのため、そして芸を披露するために世界じゅうを放浪してまわっていた。ビザンツ帝国からは、トラキアとマケドニアを経てスペインのガデイラまで行き、ほとんど世界じゅうを自分たちの芸の見せ場としている。

いうまでもなく、「エジプト出身」、そして「放浪」と「曲芸」が後世の「ジプシー」を連想させたのである。先のアティンガノイの場合とは異なって、彼らについては「魔法」がはっきりと否定されている。キリスト教的観点から異端視されていた人間集団ではなかったということだろう。

この時代のさまざまな伝承にも「エジプト人」が登場する。たとえば九世紀に実在したとされる聖バルバロスの伝説である。一四世紀ごろに書かれた『聖バルバロスの生涯』のブルガリア語版では、彼はエジプトの生まれで、一二歳のとき海賊に加わってアルバニア海岸を襲撃して大敗を喫し、捕虜となった。悔い改めてキリスト教徒となって山中で悔悛の行をしていたところ、当時のアルバニア海岸に多数住んでいた「エジプト人」に発見され、聖人としてあがめられるようになったという。肌の色が黒く、独特の言葉を使ったとされる。

ビザンツ帝国は八世紀から一〇世紀にかけてたびたびイスラム勢力の侵攻を受けた。九〇四年にはテッサロニキがアラブ人の海賊に占領されるという事件も起こっている。こうした侵攻軍や海賊の残党が各地に散在して、その彼らがエジプト人と自称したり、そう呼ばれていたらしい。バルカン半島には現在でも、こうした伝承にもとづいて「エジプト人」と自称し、そのようなものとして少数民族の権利を主張する集団が各地に存在する。「エジプト人」を語源とする名称で呼ばれるジプシー集団も各地に見出される（ブルガリアのアグプティ、マケドニアのエギュプツィ、アルバニアのイェヴギ、ギリシアのギフティ、など）。

また、一五世紀のある教会法がこう定めていた。「占いを求めてアイグプティサスと接触した者、あるいは、病気になったり悩み事があったりして占い師を家に招き入れて魔術を施させた者は、アンキュラ公会議の教会法第二四条に従って、聖餐に参加することを五年間禁止される」。文字通りにはエジプト人女性を意味するこの「アイグプティサス」は、じつは占い師の「ジプシー女」を指しているのだという。というのも、この教会法の同時代のスラヴ語版がこの言葉を「ツィガンキ」と訳しているからである。これは、今日「ジプシー」を意味する語の女性形と同じである。

当時の文学作品にも「エジプト人」が登場する。ビザンツの風刺作家マザリス（生没年不詳）の一四一四年から一五年にかけての作とされる『黄泉の国のマザリス』に、一四一五年九月二一日付の架空の手紙があって、そこに当時のペロポネソス半島の様子が描かれている。「ペロポネソスには……じつに多くの民族が住んでいて、境界線を引くことなどおよそ容易でなく、またその必要もありませんが、それぞれの言葉は耳で簡単に聞き分けられます。もっとも目立つのは、スパルタ人、イタリア人、ペロポネソス人、スラヴ人、イリリア人、エジプト人、そしてユダヤ人で、あわせて七民族となります（混血も少なくありません）」。多くの論者は、これはペロポネソスの当時の実際の状況を描いたもので、ここに出てくるエジプト人は疑いもなくジプシーであるとするが、その根拠は必ずしも明らかではない。

さらに、アドリア海岸のラグーザ（現在のクロアチアのドゥブロヴニク）に伝わる文書（一三六二年一一月五日の日付がある）にも「エジプト人」が記録されていた。そこには、ラグーザ共和国政府が、「エジプト人のヴラクスとヴィタヌス」の請願を容れて、当地の金細工師ラデウス・ブラツラウクにたいし、二人から預かっていた八銀コリギアの返還を命じたという記述がある。金細工師とのあいだで銀の貸借関係があったという以外に、この二人の「エジプト人」の具体的な人物像は明らかでない。当時のラグーザは、東地中海の覇者ヴェネツィアの庇護下にあって、バルカン半島を後背地にもつ良港として栄え、スラヴ人やイタリア人のほか、ギリシア人、レヴァント人（レヴァントとは東部地中海沿岸地域を指す）、アルバニア人など、周辺地域からのさまざまな人間集団が往き来していた。このレヴァント人のなかにアレクサンドリアなどエジプト方面から来た商人がいたのかもしれない。

つまり、早ければ一三世紀以来、バルカン半島各地で「エジプト人」の存在が言及されていたということになる。しかし、以上の資料に拠るかぎり、これら「エジプト人」がどのような人間集団だったのかははっきりしない。農奴、放浪の軽業師、海賊出身の悔悛の行者、占い女、ペロポネソスの市民、銀商人？……。近世ヨーロッパでジプシーが「エジプト人」とも呼ばれていたという事実から連想する以外に、彼らをジプシーとする根拠は見いだせない。

三　モドンのロミティ

ペロポネソス半島の西南の一角にモドンという海港都市があった（現在のメトニ）。ここは、ヴェネツィアからヤッファへといたる聖地巡礼のもっとも人気の高いルートのちょうど中間にあたり、巡礼者たちにとって格好の宿営地であった。こうした事情から多くの旅行者や巡礼者がここに立ち寄って、そのときの模様を記した手記や旅行記を残している。そのなかに、一五世紀末以降、ここでジプシーを目撃したとする報告がいくつかある。

発端となったのは、一三八四年九月一九日にここを訪れたイタリアの巡礼リオナルド・ディ・ニッコロ・フレスコバルディの報告である。それによれば、モドンの市壁の外側の「サピエンツァという小丘」のふもとに「ロミティ」という集団が住んでいて、彼らは自らの罪を悔いて日々を過ごす悔悛行者のように見えたという。ジプシーの存在をまだ知らなかったフレスコバルディの語ったこの「ロミティ」が、後生によって西ヨーロッパのジプシーと二重写しにして語られるようになる。

　ほぼ一〇〇年後の一四八三年、イェルサレムへの途上モドンに立ち寄ったベルンハルト・フォン・ブライデンバッハというドイツ人巡礼がその旅行記に書き記している。「町の外に多数のあばら家があって、その数およそ三〇〇軒、そこにエチオピア人のように黒くて醜い貧しい人たちが住んでいる。……彼らはドイツではサラセン人と呼ばれていて、エジプトから来たとでたらめを称するが、じつはモドンの近くのギッペの生まれで、スパイであり裏切り者である」。

　ブライデンバッハは、明らかに、すでに一四一七年以来ドイツ各地で目撃されていた「サラセン人」つまりジプシーが、小エジプトから来たと称し、周りからスパイと疑われていたことを知っていて、この旅行記を書いたのである。彼は、モドンの「あばら家」に住む「黒くて醜い貧しい人たち」を自分の知っている「サラセン人」と重ね合わせただけでなく、彼らの出生地とされる「ギッペ」なる地を「モドンの近く」に発見した。その後、この地とその周辺が「小エジプト」であるとする説が登場し、こうして、ジプシーの「小エジプト出身」という巷間の説が「裏づけられる」ことになった。

　一四九六年から九九年にかけてモドンを訪れたケルンのアルノルト・フォン・ハルフという人が、ここで見たという「ズイギナー」なる人間集団について書き記している。

　つぎに、われわれは郊外に出かけた。そこには、黒くてみすぼらしい裸の人間が多数、草で屋根を葺いた小屋に住んでいる。三〇〇軒はあろうか。彼らはズイギナーと呼ばれているが、われわれはドイツの地にやって来る彼らをエジプトからの異教徒と呼ぶ。彼らはありとあらゆる商売をやっている。たとえば、靴作り、櫛作り、鍛冶……。

ようするに、一四世紀末にフレスコバルディが伝えた「ロミティ」という「悔悛の行者」が、一五世紀末になって、ブライデンバッハやハルフによって「ドイツではサラセン人と呼ばれる」人びとや「ドイツの地にやって来るエジプトからの異教徒」の同類、つまりジプシーとされるようになったと考えてよい——この過程で、彼らのエジプト出身説を裏づけるかのような「ギッペの地」も発見された。

市壁の外に天幕を張る遊動の人間集団の存在はビザンツ世界の各地で報告されている。たとえば、一三二三年にクレタ島のカンディア（現在のイラクリオン）を訪れたフランシスコ会修道士シモン・シメオニスの次のような記述である。「そこでわれわれはまた、ギリシア人の典礼に従い、シャイム（ハム）の一族であると自称する種族を市の外に見た。彼らはひとところに三〇日を超えて留まることはほとんどなく、いつも放浪していてすぐいなくなる。神に呪われたかのごとくに、三〇日もたつと、アラブ人のそれにも似た黒くて丈の低い楕円形の天幕とともに、原野から原野へ、洞窟から洞窟へと移ってゆく」。「アラブ風」の天幕を使ってつねに放浪している、というのが目立った特徴のようだが、彼らの外見や生業についてては何の言及もない。クレタ島では、これよりずっと前の一〇世紀にも占いをやりながら徘徊する人間集団がいたという報告があるが、詳細は不明である。

また、一三四〇年ごろに「オリエント」（具体的な場所は分からない）を旅行したケルンの氏名不詳の聖職者が、そこで見たというさまざまな民族にかんする記述を残している。その一つに、夏も冬も住宅に住まず、三日を超えてひと所にとどまることのない「マンドポロス」という集団がいたという。彼らは、曲芸や泥棒を生業とし、たまたま滞在した先の宗教を信じた。独自の言葉を話し、それは他人には解せなかった。後世の言語学者は言う――「この『マンドポロス』とは、明らかに、『運勢を占う人』という意味のギリシア語のマンティポロス以外ではありえず、……したがって彼らは、われわれが一四一七年以降に知ることになるジプシーと同じタイプの人びとである」。

つまり、一四世紀末までにペロポネソス半島とその周辺の島じまで、貧しくて色の黒い「悔悛の行者」や、占いや鍛冶を生業とする放浪の集団がたびたび目撃されていた。この人間集団が、一五世紀末以降にここを訪れた西ヨーロッパからの巡礼者や旅行者によって、すでに彼らが祖国で知っていた「ジプシー」と同種の人間集団であるとされた、ということのようである。

四　コルフ島のキンガヌス

ギリシア西岸のエペイロス沖にコルフ島という島がある（現在のギリシアのケルキラ島）。一三世紀から一四世紀にかけてヴェネツィア領となったこの島に「ビザンツ地域におけるジプシー居住地のもっとも完全な記録」（ビザンツ史家G・C・スーリス）が存在するという。

ここには一四世紀後半に独立の「フェウドム・アキンガノルム」（「ジプシー封土」と訳せるらしい）が創設され、それが一九世紀末まで存続した。この間の封土の状況を記録した厖大な文書が存在し、そこからここにおける「ジプシー農奴」の具体的な姿が明らかになるという。たとえば、一四七〇年三月二四日付の布告には、ヴェネツィア政府にたいする封土領主の義務、そして封土に住む農奴「キンガヌス」の領主にたいする義務の詳細が定められているが、このキンガヌスこそジプシーのことなのだとされる。

キンガヌスは領主にたいし、現金および現物でさまざまな年貢を納めなければならなかった。四カ月ごとに一〇ソルディとメンドリ一羽、八月にはニワトリ一つがい、聖バルバロスの祭日には二アスペル、五月一日には五月祭り柱一本または五ソルディ、結婚するときは銀貨一枚とメンドリ二羽……。キンガヌス・フォレンシス（「よそ者ジプシー」）にたいしては、封土を出入りするたびに関税が課せられた。領主には、死刑を除いて（これだけはヴェネツィア人知事と共同で決定された）、刑法と民法に関わるあらゆる犯罪を裁き、罰する権限が与えられていた。ペロポネソス半島東部のヴェネツィア領ナウプリオン（現在のナフプリオン）でも、一五世紀半ばの文書に「キンガヌス」が存在したことが記されている。この文書、すなわち一四四四年八月一二日付のヴェネツィアの四〇人会議の文書は、先に市長によって解任されたドルンガリウス・アキンガノルム（「ジプシー連隊長」）のヨハンネス・キンガヌス（「ジプシーのヨハン」）なる人物を、この地位に復職させることを命じていた。

しかし、ここで紹介されているかぎり、「ヨハンネス・キンガヌス」なる人物の具体像やその職務とされる「ドルンガリウス・アキンガノルム」の具体的内容はわからない。スーリスは、「キンガヌス」とは「ジプシー」と同義であるとして、「この文書の分析から、ナウプリオン地方のジプシーは、少なくとも一四世紀末以降、……一人の軍事指導者の下に組織された集団であったと結論してよいだろう」としているのだが……。ヴェネツィア政府が何らかの特権と引き換えに彼らに対トルコ（オスマン帝国）防衛の軍務を課していたのではないかともいう。

また、フロリオ・ブストロウという人の手になる『キプロス年代記』に、一四六八年頃のキプロスに「キンガニ」という人間集団がいて、王室に税を払っていたとする記述があるというが、詳細は不明である。

これらの文献で使用されていて、「ジプシー」と訳されている「キンガヌス」や「アキンガノルム」といったギリシア語やラテン語が、具体的にどのような人間集団を指していたのかははっきりしない。コルフ島のキンガヌスが納めた年貢として、現金のほか、メンドリ、ニワトリ、五月祭り柱などがあげられているが、これは彼らがまさしく農民（農奴）であったことを示唆していよう。他方、ナウプリオンのキンガヌスは、農耕のほか軍役にも使用されていたという。指摘された「事実」だけでは、彼らがヨーロッパ人の知るジプシーと同類の人間集団であったと結論することは困難である。

五　ルーマニア両公国のツィガニ奴隷

ビザンツ帝国の版図に入ることはなかったが、ドナウ川をはさんで北方に位置したワラキアとモルドヴァのルーマニア両公国（現在のルーマニアは、おもに、この両地方と北方のトランシルヴァニア地方で構成される）では、一四世紀の建国以来一九世紀半ばに至るまで「ツィガニ」や「アツィガニ」と呼ばれる奴隷がいた。多くの論者は、このツィガニ／アツィガニを西ヨーロッパが知るジプシーと同類であったとして、ルーマニアでは早くから「ジプシー奴隷制」が成立していたとする。

ルーマニア両公国のツィガニ／アツィガニについては、身分や社会的地位、生活誌、歴史などが具体的に伝えられていて、その実体がかなり詳しくわかっている。

ワラキア公国においては、大公ダン一世が残した一三八五年の証書に、先代の大公ヴラディスラフ一世がヴォディツァ修道院に寄進した財産をティスマナ修道院に与える旨の記述があって、そのなかに「アツィガニ四〇家族」が含まれていた。前後の文脈からすれば、このアツィガニとは一三七〇年代にヴォディツァ修道院に寄進された奴隷家族であることがわかるという。ティスマナ修道院においては、その後の財産記録でもアツィガニの存在が確認されている。一三八八年には、ワラキア大公ミルチャ老公が、自らが設立したコジア修道院に三〇〇家族のアツィガニを寄進したという記録もある。一五世紀になると、ワラキアの名のある修道院や大貴族のほとんどがアツィガニ奴隷を所有していた。

モルドヴァでは、一四二八年に大公のアレクサンドル善良公が、天幕一二張りの「タタール」とともに三一家族の「ツィガニ」をビストリア修道院に寄進したというのが、ジプシーとおぼしき人間集団にかんする最初の記録である。その後、一四二九年と一四三四年にもいくつかの修道院でツィガニが寄進されたことが記録されている。ほかの修道院や大貴族のところにも同様の記録がある（なお、トランシルヴァニアでは、一四〇〇年頃の文書に天幕一七張りの「キンガヌス・テントリアトス」という荘園財産の記載があり、これは「天幕に住むジプシー」の意味とされ、これがここにおけるジプシーについての最初の記録とされる）。

両公国では一四世紀の建国（ワラキアは一三二四年、モルドヴァは一三五九年）以来、それまでこの地域を支配していたタタールの遺制を引き継ぐ形で奴隷制が一般的となっていた。奴隷として使役されたのはツィガニ／アツィガニだけではなく、建国の過程で捕虜とされたタタール人ないしそれらタタール人に隷属していた集団も奴隷にされた。

一五世紀のモルドヴァの文書は、タタールとツィガニの奴隷をはっきり区別していて、両者が異なる「民族」に属していたことを示唆していた。たとえば、タタール奴隷はトルコ系の名前をもつのにたいしてツィガニ奴隷の名前はロマニ語（ジプシー語）系だった（このことは彼らがロマニ語を使っていたことを示唆する）。タタール奴隷がボヤール（大貴族領主）の領地や屋敷内の小屋に住んだのにたいして、ツィガニは基本的に天幕暮らしだった。公式文書においても、ヒジ・タターリ（タタールの小屋）、ドヴォリ・タターリ（タタールの家）、セリアディ・ツィガニ（ツィガニ家族）などと、用語が使いわけられていた。

しかし、使役されたツィガニ／アツィガニ奴隷の数が相対的に多かったことから、タタールないしその他の奴隷はしだいにツィガニ／アツィガニ奴隷のなかに吸収されていって、一五世紀後半には奴隷はほぼすべてがツィガニ／アツィガニとなり、「ツィガニ／アツィガニ」という呼称は、民族的含意に加えて、奴隷という社会的意味をもつようになったとされる。

ツィガニ／アツィガニ奴隷は、農地や家屋敷、家畜や農機具などと同様に、所有者の財産であった。奴隷ないし奴隷制という言葉そのものが使用されるようになったのは一六〇〇年以降のこととされるが、すでに実態は奴隷そのもので、所有者は彼らを意のままに扱うことができた――使役する、売り払う、他の商品と交換する、借金の返済に充てる、抵当に入れる、寄進する、相続する。もちろん、生殺与奪の権利は認められていなかったが、殴打や監禁などの迫害は日常的だったらしい。

これらツィガニ/アツィガニ奴隷は、きわめて多様な人間集団で構成されていて、およそ均質な存在とはいえなかった。各地に多数が散在し、生業ごとにはっきり区別される集団を構成し、それぞれが独自の文化と生活習慣、さらには異なった方言を有していた。

制度的には、大別して三種類の奴隷がいた。第一は「ツィガニ・ドムネシティ」（公の奴隷）で、もともとはすべてのツィガニ/アツィガニがこの範疇に属していたとされる。外国から新たに流入してきたツィガニ/アツィガニや、なんらかの事情でボヤールから取り上げられた奴隷もまた大公の所有となった。大公はこれら奴隷を、修道院に寄進したり、功績のあったボヤールに下賜したりして、自らの支配体制を維持、強化するために利用した。第二は、「ツィガニ・マナステレシティ」（修道院の奴隷）で、そのほとんどは公やボヤールからの寄進による。修道院の周辺または内部に住んだ。第三は、「ツィガニ・ボイエレシティ」（ボヤールの奴隷）で、基本的に公から下賜され、または先代から相続した。個人財産として主人の意のままに売却、交換、寄贈、相続された。公の奴隷や修道院の奴隷に比べてはるかにきびしい境遇の下に置かれていて、逃亡が絶えなかったという。

ツィガニ/アツィガニ奴隷は、どの支配者に属するかにかかわりなく、主として、領地の農業生産を支えるための、あるいは宮廷生活や修道院生活を維持するための職人仕事に従事した。とくに重要だったのが、農機具の生産や修理、蹄鉄打ちに携わる鍛冶屋であった。農村ではツィガニ／アツィガニといえば鍛冶屋のことだったという。このほか、錠前つくり、スプーンつくり、ナイフつくり、刀つくり、刃物研ぎ、銅細工、金銀細工、粘土細工、ザルつくり、カゴ編み、櫛つくり、木桶つくり、馬具つくり、鞍つくり、石割り、レンガ焼き、粉ひき、パン焼き、調理人、床屋、旅籠の番人などが知られていた。岩塩採取や砂金洗いなどの重労働に使役されたのも彼らだった。女性は子守や召使、機織りなどにも使われた。一六世紀以降、農耕にも従事するようになったとされるが、それは補助的作業に限られ、農作業の中心を担うことはなかった。

ツィガニ／アツィガニは、最初の数世紀間、ほぼすべてが天幕を使った遊動生活を送っていた。定住ツィガニはヴァトラシと呼ばれ、一八世紀後半になっても比較的少数だった。奴隷身分は遊動生活の妨げとはならなかった。冬は荘園などの小屋で過ごし、夏は、天幕その他の身の回り品を携えて、隊列を組んで各地を移動しつつ職人仕事をする、というのが基本的な生活形態だった。その上で、定められた貢納を支払ったのである。

ツィガニ／アツィガニとルーマニア人農民（おもに農奴であった）は、日常的に一定の経済的関係を結んでいたが、両者は異なった制度の下に組み込まれて、異なった規範に従う異なった社会を構成してきた。ツィガニ／アツィガニの社会的地位はきわめて低く、一般社会の外に暮らすとみなされ、主流社会からはきびしく差別され、あからさまに軽蔑された。居住地はどこでも村はずれの荒地にあって、同じキリスト教徒だったにもかかわらず、埋葬される墓地は別であることが普通だった。泥棒その他の犯罪を疑われるのも日常茶飯事で、伝染病が広がると彼らが真っ先に町や村から追放された。

ルーマニアにおけるツィガニ/アツィガニの起源については、一二四一－四二年のモンゴルの侵攻によってもたらされたとする説があった。モンゴルの軍勢が補助部隊として東方起源のさまざまな人間集団を引き連れていたことはよく知られている。しかし、そこにツィガニが含まれていた可能性は排除できないものの、そのことを示す明確な証拠は存在しないらしい。今日では、一三七〇年前後以降に南方からドナウ川を越えて数次にわたって移動してきた、ないし連行されてきた人たちのなかにツィガニもいたとする説が有力である。

それによれば、一三六〇年代の後半と一三七〇年代のはじめ、バルカン半島の北部は大混乱の時代で、政治的、軍事的な大事件が次つぎと発生した。ハンガリーとブルガリア、ハンガリーとワラキア、そしてワラキアとモルドヴァの対立、ブルガリア帝国の衰退、加えてオスマン勢力のヨーロッパ侵攻といった諸事件のすべてが、この地域の住民の広範かつ大規模な移動を引き起こした。こうした状況のなかで、ワラキアのヴラディスラフ一世公が一三六九年一月にハンガリー軍を駆逐したとき、大量の住民をドナウ川の右岸（南側）から左岸（北側）へと連行したが、そのなかに最初のアツィガニがいたのではないかという。

その後も、多くの人間集団がドナウ川の南から移動、あるいは連行されてきたことを示唆する同時代の文書が存在する。たとえば、一四四五年にはワラキア公ヴラド・ドラクル（吸血鬼ドラキュラ伝説のモデルとなったヴラド串刺公の父）がドナウの南から住民一万二〇〇〇人を連行したという記録がある。モルドヴァのツィガニはその大部分がワラキアからつれてこられたとされる。その証拠の一つに、一四七一年にシュテファン偉大公がワラキアに侵攻したとき、「一万七〇〇〇人のアツィガニ捕虜」を連れ帰ったとする年代記の記述があるという。

ただし、上に見てきたように、一五世紀はじめ頃までのドナウ川以南のバルカン諸地域では、ジプシーとされる人間集団にかんする記録はきわめて散発的で、しかもその実体ははっきりしない。この事実は、ルーマニアのツィガニ奴隷の起源が、一四世紀半ば過ぎ以降に戦乱のなかでドナウ川以南から移動してきた、または連行されてきた人びとにあるとしても、その彼らはその地のさまざまな民族に属する農民/農奴や多種多様な職人であった可能性を示唆していないか。その彼らが、ルーマニア両公国においてツィガニ/アツィガニと呼ばれて、大公や修道院、ボヤールに使役される奴隷とされて、農作業や家内労働、さまざまな職人仕事に従事させられた、と考えてよい。

いずれにせよわれわれは、一四世紀末以降のルーマニア両公国においてはじめて、ヨーロッパでジプシーとされた人たちを具体的に連想させる人間集団に行き会う。ツィガニ/アツィガニという呼称、ロマニ語による名前の存在、遊動の生活様式、宮廷/修道院生活や農業生産を支える職人仕事を中心とした生業、そして主流社会による差別と迫害。しかも彼らは、それぞれが独自の文化と生活習慣、さらには異なった方言を有する多様な人間集団であった。ただし、彼らの起源はよくわからない。ロマニ語による名前の存在を除けば、こうした人間集団の「インド起源」

を窺わせるような具体的な証拠ないし伝承も伝えられていない。

第二章　小エジプトから来た巡礼

ドイツやフランスなどヨーロッパ中央部でジプシーとされる人間集団が記録されるようになったのは一五世紀はじめ以降のことである。以下のような年次が現在でもだいたい定説となっている。ドイツ＝一四一七年、スイス＝一四一八年、フランス＝一四一九年、オランダ＝一四二〇年、イタリア＝一四二二年、スペイン＝一四二五年。西方と北方の周縁部では記録はほぼ一世紀近くあとのこととなる。イギリスでの最初の記録は、スコットランドが一五〇五年、イングランドが一五一四年。ポルトガルでは一五一六年が最初の記録である。北欧では、デンマークが一五〇五年、スウェーデンが一五一二年、ノルウェーが一五四〇年、そしてフィンランドが一五五九年とされている。

一　最初の目撃証言

一五世紀初期のさまざまな文献に彼らとおぼしき人間集団が記録されている。基本的な資料となるのは、ヨーロッパ各都市の『年代記』のこの時代にかんする記述や、同時代人の残した日記の類である。一九世紀に入ると、出納簿その他の各都市の当時の公文書からその足跡を発掘することが試みられるようなった。時代の世相を伝える訴訟記録の分析も進められている。このほかに、後世に伝えられた詩や小説、歌や芝居、絵画や工芸品などの芸術作品が重要な資料となる。当然、そこには作者の創造と想像による脚色があるが、当時の歴史的事実が反映されている場合も多い。

ジプシーとされる人間集団の最初の記録にかんするかぎり、グレルマン以来多くの研究が依拠してきた同時代ないしほぼ同時代の証言でもっとも信憑性が高いとされる資料は基本的に以下の四点に限定されると考えてよいようである。すなわち、記述された出来事があった年の順に、コルネリウスの『リューベック年代記』の一四一七年の項、ラティスボン（現在のレーゲンスブルク）の聖職者アンドレアスの日記の一四一七年の項、ユスティンガーの『ベルン年代記』の一四一九年の項（実際には一四一八年の出来事が記されている）、そして匿名の著者による『パリ一市民の日記』の一四二七年の項である。

このうち、記述された出来事の日付はコルネリウスとアンドレアスがもっとも早いが（一四一七年）、いずれも自らの直接の観察ではなく、後年、伝聞にもとづいて執筆されたと考えられ（執筆年は、前者が一四三五年、後者が一四二四年）、しかも情報源は同一だったのではないかと推測されている。ユスティンガーは、一四一一年から一四二一年までのあいだ『ベルン年代記』の編者を務め、一四二六年に没している。したがって、そこに記された諸事件はほぼ同時代に記録されたと考えてよい。

これにたいして『パリ一市民の日記』は、ややあとの一四二七年の出来事を記しているが、著者の直接の見聞にもとづくという点で信憑性は高い。この『日記』は、中世末期のパリの日常生活を活写した重要な歴史的文献で、たとえばオランダの歴史家ホイジンガの代表作『中世の秋』など中世社会の諸研究でしばしば引用されている（邦訳が刊行中である。ただし本書では『ジプシー民俗協会報』所収の英語訳を使った）。

以上のほかに、ムラトーリの『ボローニャ年代記』の一四二二年の項が、ジプシーの一団がこの頃ローマに赴いて教皇に謁見し、特許状を得た可能性を示唆する傍証としてしばしば引用されるが、これはずっと後の一八世紀に編纂されたもので、そこには上記各資料からの剽窃や後世の伝聞が多く含まれると考えられている。

信憑性の高いこうした同時代（またはほぼ同時代）の資料からどのような人間集団の姿が浮かび上がってくるか。その内容を、報告者／執筆者が実際に観察した事実、当の人間集団が語った（とされる）物語、そして主流社会（世間一般）の評判／対応に分けて、簡単に検討してみよう。

まずは実際に観察された事実である。観察者たちに共通するのは、彼らの異様な外見である。「外見はこのうえもなく醜悪で、タタール人のように黒い」（コルネリウス）。「憐れむべき、黒く、みじめな連中で、女こどもを伴っていた」（ユスティンガー）。「男は非常に色が黒くて、髪の毛は

コラム：『パリ一市民の日記』の一四二七年の項

八月半ばすぎの日曜日、つまり一四二七年の八月一七日のことであったが、悔悛者を名乗る一二人がパリに到着した。公爵一人、伯爵一人、そして男一〇人で、全員が馬に乗り、自分たちは低地エジプトから来た善良なキリスト教徒であると語った。さらに、その言うところによれば、彼らはかねてからキリスト教徒だった。それほど遠くない昔、キリスト教徒たちが彼らとその国のすべてを征服して、彼らすべてをキリスト教徒に改宗させ、あるいは改宗しなかった者を処刑した。洗礼を受けた者は、これまでどおりその国の支配者にとどまって、最期のときまで善良かつ忠実に生き、イエス・キリストにたいする忠誠を守ることを約束した。彼らには、国の王と王妃がいて、キリスト教に改宗することでその領土を維持した。

ひとつ。まことに彼らの言うところ、キリスト教の信仰を受け入れてしばらくたったとき、サラセン人がやってきて彼らを攻撃した。そのとき彼らは、信仰が確固としておらず、またほとんど希望がもてなかったがゆえに、頑強に抵抗することなく、また祖国にたいする義務を履行してそれを守ることをほとんどせずに、敵に下り、以前のようにサラセン人になり、わが主キリストを捨てた。

ひとつ。その後の事態はこうであった。彼らがこのように過ちを犯して、いとも簡単に自分たちの信仰を放棄し、これほど早ばやとサラセン人の異教徒となったことを知って、ドイツの皇帝、ポーランドの王、そしてその他の諸侯たちが、みずから敵を急襲し、たちまちのうちに征服した。それでも彼らは、以前のようにキリスト教徒となって、この地にとどまることを望んだ。しかし、皇帝とその他の諸侯たちは、このうえもなく慎重な協議のすえ、教皇の同意がないかぎり彼らがこの国を維持することはできないとして、教皇に会うためにローマに赴くことを命じた。そこで彼らは、老いも若きもすべて、小さな子どもにはきわめて難儀な旅だったが、ローマに向けて出発した。そこに着いた彼らは、みずからの罪をすべて告解した。彼らの告解を聴いた教皇は、参事会ともこのうえもなく慎重に協議して、悔悛の行として、七年のあいだベッドに寝ることなく世界を回るべきことを命じた。そして、彼らがその費用をいくらかでもまかなえるように、すべての司教および司教杖を授けられた修道院長にたいして、この指示に従って彼らに一回限りで一〇ツール・リーヴルを与えることを命じた。そして彼らは、関係する高位聖職者に宛ててこの旨を記した特許状を手交されて、祝福を受け、出発した。彼らは、パリに到着するまでに、すでに五年間旅を続けていた。

こうして、彼ら、上記の一二名は、一四二七年の八月一七日に到着した。聖ヨハネの断頭の日（八月二九日）には従者たちも着いたが、彼らはパリ入市を禁じられて、当局の命令によってラ＝シャペル＝サン＝ドニに宿営した。彼らの数は、男女子どもあわせておよそ一〇〇名か一二〇名を超えなかった。故国を出たときには一〇〇〇名ないし一二〇〇名であったが、王と王妃を含めて残りは旅の途中で死んでしまったのである。生き残った者たちは、今なおこの世の幸せが得られるという希望をもっていた。というのも、教皇が、善良な心をもってこの悔悛の行を終えれば、住むための豊かで肥沃な土地を与えると彼らに約束していたからである。

ひとつ。彼らがラ＝シャペルに滞在しているあいだ、ランディ大祝祭市の降福祭に集まるよりもはるかに多数の人びとが、パリから、サン＝ドニから、そしてパリ近郊の各地から彼らを見ようとやってきた。実際、彼らの子どもたちは、男の子も女の子も、信じがたいほどに器用だった。その大多数が、すべてといってよいほど、両耳に穴を開けて、それぞれに一個か二個の銀の輪を通していた。彼らの言うところ、自分たちの国ではこれは身分の高いことを示すしるしであるという。

ひとつ。男は非常に色が黒くて、髪の毛は縮れていた。女はふた目と見られないほど醜く、真っ黒だった。顔には傷跡があって、髪は馬の尻尾のように黒かった。粗末な古着を布か紐でできた太い帯で肩に留め、肌着は古いブラウスかシャツだけである。要するに彼らは、記憶にあるかぎり、これまでフランスにやってきたなかでもっともみすぼらしい人間だった。貧しい身なりにもかかわらず仲間うちには魔法使いがいて、人の掌を読んでは過去を暴き、未来を予言した。彼らは、夫には「妻が不貞を働いている」と言い、妻には「夫に騙されている」と言っては、多くの家庭に不和の種をまいた。そして最悪だったのは、おしゃべりをしているあいだに、魔法の力によってか、あるいは悪魔の助けを借りてか、それともその器用さと巧みさによって、相手の財布を空にして自分のそれを膨らませたことである。そういう話だった。だが、私は三度、四度と彼らと話をしたにもかかわらず、一度として一文もなくしたことはなく、また彼らが掌を読んでいるのを見たこともなかった。それでも、あらゆるところでそのような話があって、それはパリの司教の耳に入った。司教は、小ヤコブソンという名のフランシスコ会修道士をつれて彼らを見に行き、この修道士にすばらしい説教をさせたうえで、彼らを信じた者たち、そして彼らに掌を差出した者たちを破門してしまった。彼らは立ち退きを命じられて、九月の聖母の日（九月八日）に出発して、ポントワーズに向かった。

縮れていた。女はふた目と見られないほど醜く、真っ黒に日焼けしていた。……要するに彼らは、記憶にあるかぎり、これまでフランスにやってきたなかでもっともみすぼらしい人間だった」（パリ一市民）。

　相当規模の集団で観察されたが、報告されている人数にはかなりの違いがあった――女子どもをいれて三〇人（アンドレアス）、一〇〇人から一二〇人（パリ一市民）、二〇〇人以上（ユスティンガー）、男女合わせて三〇〇人（コルネリウス）。後代に編纂された『年代記』のなかには、一四〇〇人、一万四〇〇〇人、さらには四万人などとするものもある。馬に乗った立派ななりの「伯爵や公爵」に率いられ、市内に入ることが許されず門外の原野に野営したとする点では、どの報告も一致している。天幕を携行したという報告が一件あった（アンドレアス）。

　彼らを、アンドレアスは「俗にツィゲウネルと呼ばれたキンガヌス」と名指しし、コルネリウスは「これまでに見たことのない異様な放浪者の集団」で「セカニ」と自称したと伝えている。パリ一市民は「悔悛者を名乗る」一行とし、ユスティンガーは「洗礼を受けたハイデン（異教徒）」と呼んでいる。すくなくともドイツでは、すでに今日の「ツィゴイナー（＝ジプシー）」に近い呼称が知られていたことがわかる。

　彼らが語った（とされる）物語がおもしろおかしく引用されている。彼らは例外なく、自分たちはキリスト教徒で、贖罪または悔悛の行としてこのように放浪の生活を送っているのだと語った。何の罪を贖い、または悔悛しているのかについては、二つの異なる物語があった。ひとつは、かつて祖国を異教徒（サラセン人）に征服されてキリスト教を棄ててしまった罪である（コルネリウス、パリ一市民）。もうひとつは、ヘロデ王の追及を逃れてエジプトに脱出した聖母子を助けなかった罪である（アンドレアス）。こうした罪を悔いて、あるいは贖って、まじめなキリスト教徒に戻りたいと神聖ローマ皇帝またはローマ教皇に願い出たところ、その条件として七年間の放浪の行を課されたのだという。一〇〇〇人から一二〇〇人で出発したが、苦難の旅の途中で多くは死に絶えてしまい、たったの一二〇人しか残らなかったという話が、聞く人の涙を誘ったようである（パリ一市民）。出発にあたって教皇または皇帝から旅の費用と安全を保証する特許状を下賜されたという話もほぼ共通し、アンドレアスにいたっては、彼らに見せてもらったという皇帝ジギスムントからの安全通行証の写しなるものを紹介している。

出身地については、アンドレアスは「これらの人間はハンガリーから来た」とした。上記特許状がハンガリーのジップスで下賜されたとしていることを受けてのことであろう。コルネリウスはただ「東方から来た」としているだけである。パリ一市民は彼らの話として「低地エジプト生まれ」とし、ユスティンガーも「エジプト出身」としている。いずれにせよ、「異邦人」と受け止められたことになる。

彼らは盗みをする、というのが当時の主流社会（世間）の一致した評価／評判であった。「人の持ち物を知らぬ間に盗った」（アンドレアス）。「彼ら、とくに女は名うての泥棒で、あちこちで何人かが捕まって死刑にされた」（コルネリウス）。「最悪だったのは、おしゃべりをしているあいだに……相手の財布を空にして自分のそれを膨らませたことである」（パリ一市民）。「禁令が出たのは、彼らが盗めるものは何でも盗んで、その盗みが住民にとって耐えがたいものとなったからである」（ユスティンガー）。このために、市内に入ることを許されず、滞在先からは追放され、捕まって死刑にされた者もいたとされる。ただし、パリ一市民は、「私は三度、四度と彼らと話をしたにもかかわらず、一度として一文もなくしたことはなく……」と明言している。

パリ一市民は、彼らの宿営地にパリとその近郊各地から多数の見物人が押し寄せた様子を語っている。彼らのなかには「魔法使いがいて、人の掌を読んでは過去を暴き、未来を予言した。彼らは、夫には『妻が不貞を働いている』と言い、妻には『夫に騙されている』と言っては、多くの家庭に不和の種をまいた」という。そういう話だったが、ここでも彼自身は「彼らが掌を読むのを見たこともなかった」と断言している。占いの噂はパリ司教の耳にも入って、それで彼らはパリ門前から退去させられることになった。これら初期の目撃証言のなかで「占い」に言及しているのは、このパリ一市民の日記だけである。アンドレアスは、「世間は連中をスパイであると見た」と報告している――一五世紀末には一般的となる評価であった。

もっぱら「泥棒」とされ、ときに「占い」をやるとされた以外、彼らの生業にかんする言及は初期目撃証言には見当たらない。その後ジプシーのもっとも一般的な職業とされるにいたった鍛冶や楽師、博労に言及した例は、もう少し後のことになる。

グレルマンの議論との関連で指摘しておけば、以上の目撃証言のどれにも、これら人間集団のインド起源をうかがわせる記述は何もなかった。グレルマン説に従えば、彼らは一四〇八年から〇九年にインドを発って、それから八年か九年後にはヨーロッパに到着していたことになる。このわずかな期間中に、彼らのインドの痕跡はすっかり消え失せてしまったということだろうか。

もうひとつ注目しておいてよいのは、グレルマン以降、ジプシーは独自の言葉を使うというのがアプリオリの前提となっているにもかかわらず、これら初期の目撃証言のなかに彼らの使う言葉にかんする言及がいっさいないことである。むしろ、『パリ一市民の日記』からは、彼らが言葉巧みに見物人に語りかけて占いをやってみせたことが窺われ、地元住民との対話に言葉の障害はなかったかのようにみえる。こうした人間集団の独特の言葉が報告されるのは、次の世紀もなかばになってからのことである。

イギリス（イングランド）でジプシーと思しき人間が最初に記録されたのは、大陸ヨーロッパからほぼ一〇〇年遅れて一五一四年のことであった。『勲爵子サー・トーマス・モアの対話』に言及された掌を見て占いをする「エジプト人女性」で、彼女は一人で野宿をしていたが、最近になってどこかへ行ってしまったという。しかし、これ以前にもそれらしき人間集団の存在は各地で言及されていて、なかにはそれなりに厚遇された場合もあったようである。たとえば、一五四八年に出版された『国王ヘンリー八世年代記』の一五一〇年の項で、宮中で催された無言劇に「エジプト人のように」頭をターバン風の細い帯で飾りたてた二人の女性が登場したことが言及されていたし、一五一三年から二三年にかけてサフォークで数名の「ジプション」がサリー伯爵のもてなしを受けた、などの記録があった。スコットランドでは大蔵卿の帳簿の一五〇五年の項に見える「エジプト人」にたいする喜捨の記録が最初とされる。ポルトガルでは一五一六年の文学作品に登場する「グレガ〈ギリシア人〉」が最初という。スカンディナヴィア諸国ではイギリスから渡ってきたとされる「小エジプト人」たちが最初の記録である。

当時においても大陸中心部とのあいだでごく日常的に往き来のあったこうした国ぐににおいて最初の記録がこのように一世紀近くもあとになる理由はよくわからない。「正史」のひとつは、ジプシーは海を恐がり、一六世紀に入ってようやくそのなかの「勇敢な一族」がドーバー海峡を渡ることができた、という「学説」を唱えている〈ケンリック〉。イギリスの場合、一二、三世紀以来さまざまな遊動民集団の存在がごく日常的で、特別に注目されることではなかったのかもしれない。スカンディナヴィア半島は、その気候的な条件のゆえに遊動民集団には暮らしにくかったとも考えられる。ずれにせよ、確かなことは分からない。

後世に試みられた都市公文書の精査は、同様の人間集団がもう少し早い時期から各地で目撃されていたことを明らかにする。たとえば、ドイツのニーダーザクセン州ヒルデスハイムの一四〇七年の市文書には、「示された書状類を吟味のうえ、書記官の事務所においてタタールたちに寄贈がなされた」旨の記録がある。また、一四一四年のスイスのバーゼルの市文書は、「ハイデン」にたいし「神の思し召しにしたがって」施しがなされたとする。「タタール」も「ハイデン」も、その後ヨーロッパで「ジプシー」に与えられた一般的な呼称であった。トランシルヴァニアのブラッショー（現在のルーマニアのブラショヴ）の市文書によれば、一四一六年にここを訪れた「エジプトのエマウス卿とその配下一二〇名」にたいし、食糧と金子が与えられた。その後ヨーロッパ各地で似た名称の指導者に率いられた同じような集団が記録されることになる。

二　「ジプシーの黄金時代」

彼らは、最初のうち、その語るとおり悔悛／贖罪の行者あるいは巡礼としてそれなりに厚遇されたようである。グレルマンは、各地で気前よく喜捨を与えられて勝手気ままに放浪することができたとして、この時期を「ジプシーの黄金時代」と呼んでいる。

その種の記録にはこと欠かない。たとえば、一四一八年六月にフランクフルト・アム・マインの市当局は、「小エジプトから来た貧しい人びと」にパンと肉の代金として四ポンド四シリングを与えた。一四一九年八月には、フランス東部のシャンティヨン＝アン＝ドンブという小さな町に「サラセン人」の一行が現れた。彼らはローマ皇帝とサヴォワ公からの特許状を示して厚遇され、ワインと燕麦、そして金子三フロリンを与えられた。その二日後、近くのサンローランに「小エジプトの公爵アンドレ」に率いられた一団が現れた。市文書によれば、彼らは「容姿でも、髪型でも、その他の点でも、恐るべき様相の男たち」であったが、パンとワインを与えられて立ち去った。一四二〇年のブリュッセルの市文書は、「アンドリエスという名の小エジプトの公爵」

に率いられた一行が、大量のワインとパン、雌牛一頭、羊四頭、金貨二五枚を与えられたことを記録している。

一四二〇年三月にオランダのデーヴェンテルに現れた「小エジプトの公爵アンドレアス卿」の一行も厚遇された。市文書はこう記録している――「彼はキリスト教信仰のために祖国を放逐され、男女子ども一〇〇人とおよそ四〇頭の馬を率い、ローマ人の王からの書状を携えてわが町にやってきた。書状は、その赴く先のどの町においても、彼らに寄進し、厚遇するよう勧めていた。市参事会の命令により、この一団にたいし現金二五フロリンが与えられ、パン、ビール、ニシン、燻製ニシン、麦わら、宿泊に供された納屋の清掃、そして次の目的地ゴールまでの道案内その他の費用として、あわせて一九フロリン一〇プラッケンが市の金庫から支出された」。

ブルゴーニュのアラス市参事会の文書は、彼らの容貌や服装まで記録している――『パリ一市民の日記』の記述と重なるところもあるようである。それによれば、一四二一年一〇月一一日、「エジプトから来た異邦人」三〇人あまりが、ローマ皇帝からの書状を携えた公爵に率いられて到着した。彼らは三日間滞在し、夜は着の身着のまま野原で寝た。男たちは真っ黒の肌で、長い髪と濃い髭を生やしていた。女たちはターバンのように布を頭に巻き付け、胸繰りの深いシュミーズのうえから目の粗いショールを羽織って両肩のところで結んでいた。女と子どもはイヤリングをつけていた。こうした身なりは同時代のヨーロッパの流儀とはまったく違っていた。驚いた市民たちは彼らに大量のビールと石炭を与えた、と。

一四二七年に北フランスのアミアンに現れた「トーマス伯爵」の率いる一行は、キリスト教信仰を捨てることを拒否したがゆえに「誰も知らぬ遠くの」祖国を追われたという経過を語って市民の同情を集め、二五スー銀貨八枚を与えられた。一四二九年に近くのトゥルネーに「エジプトの伯爵」とその一行六〇人が現れたとき、市参事会は、市民にたいして彼らに危害をくわえることのないよう戒め、さらには喜捨を勧めて、自らも借金をしてまでワインと小麦、ビール、ニシン、薪を贈った。

スペインでは、一四二五年にアラゴンのアルフォンソ五世が「小エジプトのドン・ホアン」に安全通行証を与えたというのが「ジプシー」の最初の記録である。その後、カタルーニャやカスティーリャの国王からもたびたび安全通行証を与えられて、彼らが聖地を目指す巡礼として遇されたことを窺わせる。一四六二年にカスティーリャ王国のアンダルシーアに現れた「小エジプトのトーマス、マルティン両伯爵」の一行は、当地の代官から大歓待された。両伯爵とその妻は代官主催の宴席に招かれ、出立に当たっては大量のパンやワイン、肉、家禽、魚、果実、大麦、麦わらなどが与えられた。一四七〇年と七一年にムルシアに現れたハコボ伯爵とパブロ公爵の一行も、市参事会員たちから多額の金子を受け取っている。

三　一五世紀のヨーロッパ

彼らはいったい誰だったのか。

いうまでもなく、一〇年足らず前にインドを出て放浪の旅を続けてきたかの地の民だったとするグレルマンの説は、とうてい受け入れられない。上述のように、当時の目撃証言には彼らがインドから来たことを窺わせる多少とも信憑性のある話は何もなかった。インド風の衣装や振る舞いなどが観察者たちの目に止まることはなかった。彼らの話す言葉についても特別のことは一切記録されなかった――「ヒンドスタン語」はおろか、ハンガリー語やスラヴ語などのどこか異国の言葉を使ったという証言さえ皆無である。棄教や聖母子、教皇や司教伎、改悛や巡礼といった話は彼らがキリスト教世界に精通していたことを示唆していた。ワインやビール、パンやニシンなどを与えられて嬉々として立ち去っていくさまは、彼らが日ごろどのような食生活になじんでいたかを想像させた。

歴史教科書をひも解くと、一五世紀のヨーロッパは、それまでの中世社会が崩壊して近世社会への移行が進むという、まさしく歴史の大転換期にあったことがわかる。

ヨーロッパ中世社会は、十字軍の遠征（一〇九六－一二七〇年）の頃に絶頂期を迎え、その後、徐々に変質し、衰退の道をたどっていったとされる。三圃制の導入や大型の犂の採用といった「技術革新」によって長く続いてきた農業の持続的な発展は、一三世紀にはしだいに限界に達し、その一方で人口増加が続いて、各地に食糧危機の兆しが現れていた。一四世紀に入ると、初頭からヨーロッパ全土で天候不順が続き、一三〇九年にドイツで始まった飢饉がヨーロッパ北部の全域へと拡大し、その後二〇年とたたないうちに地中海沿岸部まで広がった。慢性的な食糧不足と栄養不良に苦しむヨーロッパをペスト（黒死病）が襲った。

ペストの大流行は、一三四七年、ジェノヴァの艦船が黒海からの帰途クリミア半島で拾った病原菌をシチリア島に持ち込んだことで始まったとされる。一三四九年まで続いたこの大流行によって、当時のヨーロッパの人口のおよそ三分の一にあたる三五〇〇万人が死亡したといわれている。

その頃の知識水準のもとではまったく原因不明の疫病で、したがって効果的な予防方法も治療方法もなく、人びとの不安にははかり知れないものがあった。社会全体がかつてない恐怖と混乱に襲われた。「井戸に毒を投げ込んだ」としてヨーロッパの全土でユダヤ人虐殺の大波が荒れ狂った。日々の安逸と堕落にたいする「神罰」であるとしてむち打ち行者に代表される自虐的な宗教的熱狂が全ヨーロッパに広がった。街頭に放置された累々たる死体の山を眼前にして「死の舞踏」といった不気味な芸術的表現が一世を風靡した。事態の展開になすすべもなかった当時の政治や教会、学問の権威は失墜した。人口の大幅な減少による労働力の不足と需要の縮小が経済の全体を衰退させた。農村では、多くの農地が放棄され、これを集中した大地主が形成される一方で、耕す土地をもたない貧民層があふれかえった。

戦乱が追い打ちをかけた。フランスの王位継承問題にイングランドが介入して一三三七年に始まった百年戦争は、一三六〇年から一四一五年までの事実上の中断期間があったとはいえ、最終的にフランス側が勝利を収める一四五三年まで延々と続いた。長い戦争は、傭兵軍の登場や兵制・戦法の転換、殺傷力の強い新兵器＝長弓の導入などによってかつてなく凄惨なものとなった。収穫物を焼き払ったり、家畜を殺したり、集落を破壊したりといった焦土作戦が広がった。無防備の農村地帯が破壊と略奪の場となって、農民は戦火を逃れて村と畑を捨て、安全と生活手段を求めて各地をさまよい、近辺の都市に流入した。

疲弊した農村地方では大規模な農民反乱が発生した。一三五八年に北フランスのボーヴェ地方で起きたジャクリーの乱などである。周辺農村の荒廃は政治経済の中心拠点としての都市の諸活動をも停滞させた。戦争による破壊、社会秩序の混乱、略奪・盗賊の横行が商業都市の活動を妨げた。北フランスのシャンパーニュの大市は、その直接的な影響をこうむって、荒廃し、没落した。

封建領主や教会勢力に代わって新興の商人や手工業者が経済的、さらには政治的な力を蓄えて、支配権力をめぐって各地で革命的騒乱が頻発した。とくに南ドイツでは、「第一次都市戦争」と言われるほど各地で騒乱が相次いだ。各都市は自衛に走った。マインツの年代記が記している。「一三八三年ごろ、いくつかの有力な都市が……さまざまな領主、貴族、騎士、郷士たちをあわせて『都市同盟』を結成した。同盟は多数の槍騎兵を高賃金で雇いいれたが、そのおもな目的はこれら地域にあふれた浮浪盗賊に対抗するためだった。というのも、敵対する領主たちがこれら邪悪な強盗集団をそそのかして、ある都市から別の都市へと移動することが安全でなくなったからである」。

農村部では廃村が急激に進行した。たとえば、穀物栽培がとくに盛んだった中部ドイツのヴュルテンベルクでは、歴史的に確認される廃村のうち半数は一四、五世紀に起きた。ドイツ騎士団領(現在のポーランド北部)では、一四一九年に荘園の二一パーセントが無人となっていた。飢饉や戦乱による人口の流出がその主たる原因だった。

農民たちは流民となって近くの都市をめざし、都市は貧民や乞食であふれた。ニュルンベルクでは一三七〇年にドイツ最初の乞食規制条例が制定されている。

同時並行的に進行したキリスト教会の大混乱が人心の不安をさらにあおった。教皇庁とフランス王朝の対立に端を発する教皇座の南フランス、アヴィニョンへの移転(=アヴィニョン幽囚。一三〇九―七七年)は、教皇座がローマに復帰していったんは決着したが、両者の対立は収まらず、早くも翌年にはローマとアヴィニョンに教皇が並立する教皇座の大分裂という事態となった(シスマ。一三七八―一四一七年)。コンスタンツの宗教会議でシスマが終結したのも束の間、今度はボヘミアで、一四一五年に焚刑に処されたフスの流れをくむ宗教改革運動をめぐってヨーロッパ諸列強を巻き込んでフス派戦争が始まった(一四一九―一四三六年)。

社会的・宗教的な混乱と不安を反映して、マリア崇拝といった民衆信仰や神秘主義が高揚、さまざまな聖地への巡礼熱が拡大した。「小エジプトから来た巡礼」の語った「七年間の悔悛の行」といった物語は、当時のヨーロッパ各地のこうした「巡礼」たちの常套句であった。ヨーロッパのキリスト教世界では、この時代になっても、巡礼には「屋根と暖と火」が与えられるべきだとしたシャルルマーニュの布告が順守されて、巡礼者をもてなし、道中の援助を与えることが信者の義務と考えられていた。このようにして慈善を施す者は巡礼者にもたらされる祝福を共有することができるとされ、巡礼は神の恩寵を得る手段の一つであると考えられた。支配者たちは推薦状を与えて巡礼者を励ました。農地を失い、戦乱に追われた貧民／流民の群れは、悔悛者または巡礼者と称することによってこうした時代の風潮に浴しようとしたに違いない。

中世後期には、イェルサレム巡礼やサンティアゴ・デ・コンポステラ巡礼に比べて停滞していたローマ巡礼がふたたび隆盛を迎えようとしていた。一二九九年の秋、キリスト生誕一三〇〇年に特別の贖宥が与えられるという噂が巷間に広まり、巡礼の大群衆がローマのサンピエトロ大聖堂前に集まった。自然発生的な民衆信仰の盛り上がりだったが、これを見て時の教皇ボニファティウス八世が教皇勅書を発布し、一三〇〇年を聖年とする旨を宣告した。こうしてこの年、おそらく当時の住民数をはるかに超える数の巡礼者がローマに押し寄せた（二〇万人とも二〇〇万人とも言われた）。これをきっかけにほぼ五〇年ごとに「聖年」が設定されて、数世紀にわたるローマ巡礼の新たな高揚をもたらすことになった。

一四世紀後半から一五世紀にかけてスペインのサンティアゴ・デ・コンポステラ巡礼もまた新たな興隆期を迎えていた。それは、東欧や北欧からも多くの巡礼者を集め、その一方で「信仰の旅」としての性格を希薄化させて、もともと内在させていた娯楽（観光）としての側面を強めて次第に世俗化しつつあった。こうしたなかで、富裕者から金銭の支払いを受けて巡礼する「代参」

が流行し、浮浪者や無宿人などを中心とした偽巡礼者が横行し、巡礼路や聖地には多数の貧民や乞食が群がり集まった。

同じ頃、東方ではビザンツ帝国が終焉の時を迎えようとしていた。一三世紀初め以降の度重なるモンゴルの侵入と第四回十字軍によるコンスタンティノポリス占領（一二〇四年）などによってすでに弱体化していたビザンツ帝国は、一四世紀に入って、アナトリア半島で急速に台頭してきたオスマン帝国の脅威にさらされるようになった。オスマン帝国は、第二代皇帝オルハンの時代の一三五四年にはガリポリ（ダーダネルス海峡西岸の要衝）を占領してバルカン半島進出の足掛かりを築き、一三六一年にはハドリアノポリス（アドリアノープル）を攻略してトラキア地方を席巻した。オルハンの後を継いだムラト一世の時代（一三六〇－八九年）にはバルカン半島の南東部がほぼその支配下に組み込まれた。一三八九年のコソヴォの戦いがその決定的な転機となった。その後、一四〇二年にアンカラの戦いでティムールに敗北して一時的に後退し、アナトリア半島の征服地の多くを失ったものの、やがてバルカン半島を中心に勢力を回復して、ムラト二世の時代（一四二一－五一年）にふたたび隆盛を迎えた。一四三〇年にはビザンツ帝国第二の都市テッサロニキを奪取、メフメト二世が一四五三年にコンスタンティノポリスを占領、ここにビザンツ帝国はその一〇〇〇年余の歴史を閉じた。

オスマン勢力の進出とビザンツ帝国の衰退・滅亡はバルカン半島の住民の大規模な移動を引き起こした。その一部は当時のハンガリー王国を経由して西ヨーロッパに至った。ビザンツ帝国の貴族たちは、オスマン勢力の進出にもかかわらず、多くは地元に踏みとどまって新しい体制に順応していったが、なかには異教に服することを肯ぜず、多数の聖職者や家臣を引き連れて故郷を捨て、安住の地を求めて西方を目指したものもいた。ヨーロッパ各地の町や村の記録は、彼らの一部が伯爵や侯爵を名乗る指導者に率いられて群をなして移動し、宿所や喜捨を得たことを明らかにしている。とくに一四五三年のコンスタンティノポリスの陥落以降は、旧ビザンツ帝国から来るありとあらゆる人間集団が、少人数ごとだったが、ひっきりなしに現れたことが記録されている。

ジプシーとおぼしき人間集団が最初に記録された一五世紀初頭はこのような時代だった。はじめて「ジプシー」の集団が目撃された一五世紀前半のパリは、ある歴史家によれば、「おそらく歴史上、最も不幸な歳月が支配していた」という。一四一八年から三六年にかけて、パリはイングランドとこれと同盟関係にあったブルゴーニュ公家の支配下にあり、バスティーユにはイングランドの守備隊が駐留していた。一四二〇年代に入って百年戦争は山場を迎えていた。オルレアン公ルイやアンジュー家のルネなど由緒正しいフランス王家の王子たちでさえその運命を翻弄されたというこうした混乱のなか、件の集団がパリに到着した。「真正の王子ですらかかる運命にあうならば、たとえ浮浪人たちが時々関心と同情を引くためでっち上げた王位失格、追放の物語であろうとも、パリ市民がそれを信用したのは無理もない話である」。ホイジンガとともに、われわれもこう考えてよいのではないか。

第三章　排斥と迫害：中世から近世へ

一六世紀に入ると、ジプシーはヨーロッパ各国で厳しく迫害されるようになる。今や彼らは、遠い異国から来た殊勝な巡礼などではなく、ヨーロッパ各国出身の「社会の澱」ないし「人間の屑」からなる乞食や泥棒、浮浪者や犯罪者の集団とされて、各国で縛り首をはじめとする厳罰が科されるようになった。しかし過酷な弾圧にもかかわらず、ヨーロッパからジプシーがいなくなることはなかった。そこには、旧体制から放出された膨大な数の貧民／流民の窮乏化が進んで、その一部が都市に流入して乞食の大群を形成し、あるいは野盗と一体化して農村地帯を脅かすといった、近代工業社会へと向かう時代の一側面が反映されていたと考えるべきだろう。

一　「黄金時代」の終わり

「ジプシーの黄金時代」は所によっては一五世紀のかなり後まで続いていたようである。しかし、一五世紀もなかばを過ぎるとジプシーにたいする主流社会の態度には明らかな変化が現れる。都市の記録文書からは、時間の経過とともに彼らの訪問が敬遠、警戒、さらには拒絶されるようになっていった様子が明らかである。

こうした変化はまずドイツで始まった。一四一八年に最初の訪問を受けて彼らを厚遇したフランクフルト・アム・マインのその後の市公文書がこのことを如実に物語っている。二回目の訪問は一四三四年で、このときはまだ八シリングの金子と五シリング相当の麦藁が与えられた。しかし、一四四九年になると入市が拒否され、一四五四年には武装した部隊が彼らの入市を阻止して追い返した。一四五八年と六四年にも入市が拒否され、一四六九年に来た「小エジプトの伯爵」の一行は何も与えられずに追い返された。一四七二年には何人かが盗みの疑いで捕まって投獄されている。

スイスでは、ルツェルン市当局が一四七一年に彼らの居住を禁止した。一四七七年、まだスイス連邦の外にあったジュネーヴ市が多数の「サラセン人」を追放した。一五一六年にはベルン市がジプシーの入国禁止の措置をとった。一五三二年のジュネーヴでは、入市を阻止しようとした市職員とのあいだで乱闘となって、ジプシーの大集団が修道院に逃げ込むという事件があった。

フランスでも扱いは冷淡になっていった。たとえば、アルルの町は一四三八年には「小エジプトの公爵」に一〇フロリンを与えたが、数年後に来た一団は六フロリンしか与えられず、次に来た一行は四フロリンしか手にできなかった。一四五三年にシャンパーニュ地方のシャロン＝シュール＝マルヌ近郊に現れた「エジプト人またはサラセン人」の一団は武装を疑われて、棍棒や熊手、槍や弓を手にした住民ともみ合いになり、一人が殺されるという事件も発生した。

　現在のオランダを中心とする低地地方でも、かつては寛大だった共和都市トゥルネーが、一四四二年、ジプシー一行の入市を拒否した。ブリュージュ市は、一四三九年から五四年にかけて何度か、「彼らを市外にとどめておくために」、あるいは「これ以上長くとどまらせないために」、わずかの金子を与えたという。ダムの町でも、一四六〇年、「向こう一年間はこの町に戻らない」ことを条件として喜捨がなされた。この地方が一五〇四年にハプスブルク家の所領となって以降、入市や滞在を禁止し、違反者に退去を命じる布告が繰り返されるようになった。なお、こうした布告は「ジプシー」だけでなく、「彼らに合流し、その装いをまねるその他の者」にも適用されたという事実にも注目しておきたい。

　奇特な巡礼としてそれなりに厚遇されてきた彼らが、このように敬遠され、嫌われ、拒絶されるようになっていったのはなぜか。訪問がたびかさなるにつれて当初の好奇心が失せ、遠くから来た異邦人の殊勝な贖罪／悔悛の旅という話も信用されなくなって、ぼろをまとった醜悪で異様な姿、強要にも等しい喜捨の要求、泥棒などのさまざまな悪行の噂といった側面が、人びとに彼らを嫌悪させるようになったためだとする議論が多い。しかしその背後には、右の低地地方の布告が示唆するように、貧民／流民の激増というこの時代に特有の深刻な社会問題があったと考えられる。

二　ジプシー像の変化：「諸民族の人間の屑」

ドイツのケルンに近いジークブルクの町の訴訟文書に次のような出来事が記録されている。一五〇六年のことであった。

射的大会が催され、勝者の表彰式が終わったあと、ジプシーの一団が熊のダンスやボールとナイフを使った曲芸、老女による占いなどの余興を披露した。老女がケルストゲン某の運勢を占ってその妻の善からぬ行いをほのめかしたところ、そばにいたヨスト某がわが意を得たりとばかりに大笑いをして、自分も占ってくれと頼んだ。怒ったケルストゲンがナイフを抜いてヨストののどを突き刺し、これがきっかけとなって大乱闘となり、二人が死んだ。……騒ぎの責任を問われてジプシーの一団が捕まって裁判にかけられ、鞭打ちのうえ追放された。占いをした老女は火刑に処されようとしたが、刑の執行まで牢獄にとどめおくあいだ、仲間のジプシーが町をうろついて悪事を働くことが危惧されて、修道院の監獄で鞭打ちのすえ、追放された。騒動の後、大修道院長は歌ったり曲芸をやる放浪者が射的大会に参加することを禁止し、競技会が始まる前に市外に追放するか、これに従わない場合は塔に閉じ込めておくことを命じた。

ここからは、一五世紀に一般的だった「小エジプトから来た巡礼」とはまったく別のジプシー像が明らかである。ここでジプシーとされているのは、もはや殊勝な巡礼の一行ではなく、大道芸をやる「放浪者」の集団であった。それが、老女の占いがきっかけとなって町民二人の喧嘩となり、二人の死者を出すほどの騒ぎに発展した。ふつうに考えれば、悪いのは最初にナイフを振りかざした男だろう。ところが、騒ぎの責任を問われて捕まったのは大道芸を披露したジプシーの一団だった。あまつさえ、占いをやった老女は火あぶりという極刑に処されようとした。町の共同体の周縁的な存在だったジプシーが騒ぎの全責任を負わされることになったのである。事件を受けて、かねてから「放浪者」が目障りだったのだろう、大修道院長は「歌ったり曲芸をやる放浪者」を町の生活から追放してしまおうとした。

ジプシー像の変化は年代記や日記などの記述からも明らかである。たとえば、一五二二年頃に書かれたアヴェンティヌスの『バイエルン年代記』の一四三九年の項にはこうある。

　この年、トルコ帝国とハンガリーの国境地帯に住むさまざまな人間の澱であり水垢であるあの泥棒種族（ツィゲニと呼ばれる）が、ツィンデロという名の彼らの王に率いられてわが各州をさまよいはじめた。連中は、泥棒や強盗、占いなどによって、罰せられることもなく生活の糧を稼いでいる。自分たちはエジプトから来た、神々によって流刑に処せられたなどとでたらめの話をし、そして恥知らずにも、祖先が聖処女とその子イエスを見捨てた罪を七年間の流浪によって贖っているのだと言い張る。私が体験から知るところ、彼らはヴェンド語を使い、裏切り者でありスパイである。……だが、根も葉もない迷信によってすっかり眠り込まされている下々のものは、連中を信用しては悪事を働かれ、あちこちを好きなように徘徊され、盗まれ、騙されるがままになっている。

記述されているのは、一四三九年にバイエルンに現れたという「ツィンデロ王」の一行のことであるが、実際の出来事があってからおよそ八〇年後に書かれていて、したがってそこには執筆当時(一六世紀初頭)の「ジプシー」観が色濃く反映されていると考えてよい。アヴェンティヌスにとっては、ジプシーとは、贖罪の行を装いながら、泥棒や強盗、占いなどで生活の糧を稼ぐ「さまざまな人間の澱であり水垢である泥棒種族」にほかならなかった。ドイツではすでにこうしたジプシー観が一般化していたことは、一五世紀末にモドンの「ジプシー」について報告した上述のブライデンバッハなどの旅行記の記述からも窺われよう(五三-五四頁参照)。

この時代のジプシー像を考えるうえでもうひとつ注目されるのは、アヴェンティヌスが「体験から知るところ」として、自身の直接の観察結果であるかのように、彼らが「ヴェンド語」という特殊な言葉を使うとしていることである。「ジプシー」が使う言葉に具体的に言及したのは、この種の資料としてはこれが初めてである。ここで彼のいう「ヴェンド語」とは、ドイツ東部の一角で話されていたスラヴ語の一種で、これは現在でもこのあたりに居住するソルブ人というスラヴ系少数民族が使った言葉である。アヴェンティヌスがこのヴェンド語を知っていてこれら「泥棒種族」が話しているのを実際に聞き分けたのか、それとも耳なれない言葉をただあてずっぽうにヴェンド語としただけなのかはわからない。ただ、彼が実際に観察した人間集団が、ヴェンド語を話す少数民族集団、つまり現在のソルブ人の祖先であった可能性を考えてみることはできよう。彼らのドイツにおける足跡は五世紀にさかのぼり、一二世紀初頭にはドイツ東部の一帯に独自の王国を形成するほどだったという。その彼らの一部が、アヴェンティヌスの時代に、何らかの事情で流民となってバイエルンまで流れてきたのかもしれない。

既述のように（一七頁）、ハンブルクの神学者アルベルト・クランツも同様の見解を披歴していた（一五二〇年）。それによれば、ジプシーとは、信仰をもたずに来る日も来る日も「犬のように」生きる「諸民族の人間の屑」であって、各地で「一緒になりたいと望む男女を仲間として受け入れる」無節操な混成集団で、そこにはさまざまな国の出身の浮浪者や泥棒、乞食などが加わっていたという。

この時代の主流社会のこうしたジプシー観を集大成したのが、ハイデルベルクの神学者ゼバスティアン・ミュンスター（一四八九－一五五二年）の世界誌『コスモグラフィア・ウニベルサリス』（ドイツ語初版一五四四年）である。グレルマン説が登場するまでのほぼ二世紀間、これがヨーロッパにおけるジプシー論の「定説」の一つとなった。やや長くなるが、全文を紹介しておこう。

一般に「チュギネル」、ラテン語で「エロネス」と呼ばれるキリスト教徒の異邦人について

キリスト生誕から一四一七年の年にはじめて、恐ろしく色の黒い、日に焼けた、汚らしい衣服の、振る舞いのすべてにおいて下種な人間集団が、ドイツの全土に現われるようになった。彼らの主たる目的は盗みで、とくに女たちがそうで、男は女たちの盗みで暮らしている。彼らは一般に庶民からはタタールないし異邦人と呼ばれ、イタリアではチアニと呼ばれている。仲間うちでは公爵、伯爵、および騎士に従う。特別の衣服をまとった彼らは貴人のように猟犬を伴うが、これは猟のときだけひそかに使う。頻繁に馬を乗り換える。しかし大多数は裸足で歩き、女たちは身の回り品や乳飲み子とともに馬に乗る。皇帝ジギスムントその他の王侯からの回状を携行し、町や農村を安全かつ害せられることなく通過できる。彼ら自身の言うところ、彼らはみずからに課せられた罪の償いのために世界じゅうを巡礼のごとくに放浪しており、この旅を小エジプトから始めたという。だが、これはまったくの作り話にすぎない。実際には彼らは、旅の途上で生まれた怠け者の人種で、自分の国というものをもたない。上述のように、女たちの盗みによって暮らし、犬のように振る舞いながら農村地帯を通り抜ける。宗教にはまったく頓着しないが、キリスト教徒のあいだにいるときは自分たちの子どもに洗礼を受けさせる。農村から農村へと移動しながら毎日を過ごし、何年かたつと

また戻ってくる。しかし、いくつもの集団に分かれて、しばらくたってからでなければ同じ集団が同じ場所に戻ってくることはない。そこかしこのどこの村でも、一緒に暮らしたいと望む男女を仲間として受け入れる。まことに奇怪な人間の屑で、ありとあらゆる言葉を話し、田舎の人間にとっては深刻な脅威である。というのも、農民が畑で働いている間、農家からものを盗もうと窺っているからである。彼らのうち年老いた女は手相見や運勢占いをやる。どれだけの数の子どもをもつことになるのかと聞いてくる妻や夫の質問に答えているあいだに、この上もない巧みさと素早さをもって財布に手を入れて中身を抜き取る。

私ミュンスターは、これを書いている今からかれこれ二六年ほど前のこと、ハイデルベルクで彼らの頭領何人かと偶然に出会って、苦労のすえ、彼らが皇帝から得たと自慢する何通かの書状のことを聞き出し、それを見せてもらったことがある。彼らがリンダウで皇帝ジギスムントから得たという一通を見せられたが、そこには、彼らの祖先たちがいかにして低地エジプトで一時期キリスト教を捨てて異教徒となる過ちを犯したか、そして悔悛ののち、すべての家系の家族の一部が生涯にわたって世界じゅうを旅して歩いて流浪のうちにその過ちの罪を償うべきことを命じられたかが語られていた。しかし、この旅の時期は終わってからすでに久しいが、この屑どもはいまなお放浪し、盗みを働き、嘘をつき、予言をし、運勢を占うことをやめていない。私がこのことを指摘すると、彼らは、贖罪のときはとっくの昔に終わったにもかかわらず、帰る道が閉ざされてしまったのだと答えた。私のさらなる反論にたいしては、ここに書き留めることがはばかられるような奇妙な答が返ってきた。彼らのあいだには多数のペテン師がいて、驚くほど巧みに素朴な人びとを騙して、こうした人たちに現実には存在しえない物事、あるいは彼ら自身見たこともない物事を信じこませる。私自身、頭領の伯爵に忠実な配下のやくざ者の一人から、自分たちの生まれた土地へ帰るためにはピグミーの住む土地を通り抜けなければならない、という話を聞いた。背丈が一キュービット〔腕尺＝肘から中指の先端までの長さ。約四六－五六センチ〕ほどで、野ウサギを捕まえるのと同じように、網で捕獲されるという人間のことである。そこで私がその国はどこにあるのかと問うと、彼は聖地のはるか向こう、バビロン川よりも向こうだと答えた。で、私は言った。「そうすると、諸君の小エジプトは、アフリカのナイル川のほとりではなく、アジアのガンジス川かインダス川のあたりにあるのか？」しかしこの議論には、さらに何かのこっけいな話が返ってきただけである。明らかにこの男は、エジプトやアジアがどこにあるのか、何も知らなかったのである。

これらエロネス〔ラテン語で「放浪者」の意〕について私がこうしたことをはっきりさせたいと思ったのは、彼らがじつはドイツ人の一種で、しかもさまざまな怠惰な人間が集まっていて、ヨーロッパのあらゆる国民の重荷になっているからである。というのも、彼らのなかには多数の外国人がいて、その大部分はゴール人だったが、一部は仲間に入るよう誘われたほかの王国の出身者だったからである。彼らは自分たち自身の言葉さえ作りあげていた。これをドイツ人はロートヴェルシュと呼んだが、「真赤な卑語」という意味である。その一方で彼らは、……〔誰も〕……がほとんどすべてのヨーロッパ語を使う。ドイツ人のあいだではドイツ語を、フランス人のあいだではフランス語を、イタリア人のあいだではイタリア語を、その他。これら黒くて汚く、迷信深い人びとは、何かの大罪で人目につくわけではなく、彼らがやってきた理由、そして世界じゅうを放浪して回る理由について一部の素朴な人間が多大の好奇心に囚われるということがなかったとすれば、多くの有名人にかんする私のこの著書で取り上げられることはなかったであろう。

ミュンスターのこの記述は、前半部分はクランツの議論の剽窃であるとされるが、後半部分、すなわちジプシーの頭領たちと会って話を交わしたというくだり以降は、彼の実際の体験にもとづくものだろう。彼らは、ローマ皇帝から得たとする書状を示したが、ミュンスターの追及にたじたじとなった。こうしたことからミュンスターは、彼らがエジプト出身の巡礼などではなく、そう装って「放浪し、盗みを働き、嘘をつき、予言をし、運勢を占う」ドイツその他のヨーロッパ各国出身の「人間の屑」の集団であると結論した。

ミュンスターもまた彼らが独特の言葉を使うことを観察した。しかしそれは、外国の言葉ではなく、「ロートヴェルシュ」というドイツの盗賊集団が作り上げた仲間うちの隠語だったという。

この「ロートヴェルシュ」とは、乞食や泥棒集団の隠語として、ミュンスターの時代にはすでによく知られていた言葉である。これが広く世に知られるようになったのは、一五〇九年から一五一一年にかけてドイツ西部のプフォルツハイムで出版された作者不詳の奇書『放浪者の書』によってであった。そこには、「偽乞食と詐欺師」が使うとされた二八種類のいかさまの手口が詳しく紹介され、こうした連中にどう対処すべきかが説かれていた。巻末に三二〇語に及ぶ彼らの隠語、すなわちロートヴェルシュのリストがあって、ドイツ語による対訳が添えられていた。

この書は、一六世紀中に三〇種類の版本が出たというほど広く注目された。それは、一方では、乞食や浮浪者を嫌ってその対策に腐心していた市当局者や教会関係者にとって、そのための具体的方策を教えてくれる基本的な指南書となった。マルティン・ルターは、早くも一五二八年にこの書に注目して、序文をつけてみずから再版し、これら隠語は「ユダヤ人に由来している」として、「乞食、ユダヤ人、悪魔」に対する戦いの武器としてこの冊子を活用しなければならないと説いた。他方でこの書は、大衆向けの小説や芝居の作り手にとって、興味津々の裏世界の隠語を教えてくれるまたとない手引書となった。小説や芝居で乞食や泥棒、詐欺師の世界が描かれるときは、そのための小道具としてここに紹介された隠語が好んで用いられたという。

最近の研究によれば、この書に掲げられた三二〇語の隠語表現の大半はドイツ語起源で、ヘブライ語起源が約二〇%あった。ジプシー語起源の言葉も二%あって、この頃すでに盗賊集団とジプシー語の話者集団とのあいだで何らかの接触があった可能性を物語っている。

プフォルツハイムから遠くないハイデルベルクにあって、市場や教会の前にたむろする「偽乞食」や「詐欺師」の横行に我慢がならなかったであろう謹厳な神学者ミュンスターもまた、この書のことをよく知っていたにちがいない。そうとすれば、彼は、実際にロートヴェルシュを使う乞食や泥棒の集団を観察して、このような人間集団について語ったのだと考えることができる。そしてその彼らを、一四一七年以降にヨーロッパ各地で目撃された「恐ろしく色の黒い、日に焼けた、汚らしい衣服の、振る舞いのすべてにおいて下種な人間集団」と重ね合わせたのである。言い換えれば、ミュンスターにあっては、ジプシーとは、実際に目の前に存在してロートヴェルシュ語を使う「放浪し、盗みを働き、嘘をつき、予言をし、運勢を占う」乞食や詐欺師、泥棒たちの集団であった。当然、彼らはかつてそう言われた「小エジプトから来た巡礼」などではなく、ヨーロッパ各地から集まった唾棄すべき「人間の屑」だったのである。

この頃になると、フランスでも「ボエミアン」の評判は地に墜ちていた。一六世紀なかばのフランスの歴史家エティエンヌ・パスキエが言っている――「家も居場所ももたないこの惨めな旅人たちが、繰り返し延長される七年間の遍歴といった評判の茶番によって、これまで世間を騙せてきたことがむしろ不思議である」（一五六一年）。

三　迫害と排斥へ

ヨーロッパ社会のジプシーにたいする態度とジプシー観のこうした変化と並行して、一六世紀以降、各国で厳しいジプシー追放令が制定されていった。ジプシーの苦難の時代が始まった。

先陣を切ったのはやはりドイツであった。神聖ローマ帝国議会は、一四九七年、彼らを「トルコ」（オスマン帝国）のスパイであると断じ、翌九八年、彼らの追放を決定し、一五〇〇年には追放令に従わない者は法の保護外に置くと布告した。背景には、一四五三年にコンスタンティノポリスを占領したオスマン帝国が、その後、バルカン半島を席巻し、ハンガリーやポーランド方面を窺いつつあったことがあった。帝国皇帝はその後も繰り返しジプシー追放令を制定し、とくに一六九七年の布告は彼らの存在そのものを非合法化して、男は死刑、女は片耳を切り落としてむち打ちの刑とした。同様の布告は一七二一年と一七二六年にも制定されている。

当時のドイツは三五〇余りの領邦国家で構成され、これら各領邦もまた独自にジプシー排斥法を制定した。一五五一年から一七七四年までの間にこれら領邦国家で制定されたジプシー禁令は主なものだけでも一三三件に上ったという。その多くが極刑を定めた。たとえば、一五七七年のフランクフルトの警察令は、ジプシーを法の保護外に置くとした一五〇〇年の帝国議会の布告を再確認した。一七一〇年のメクレンブルク＝シュトレリッツの法令は、領内で捕まったジプシーは、「犯罪行為の証明がなくても」、健康な男は終身禁固の重労働が科され、高齢の男と二五歳以上の女は鞭打ち、烙印押捺のうえ、国外追放、戻ってくれば死刑とされた。一七二五年、プロイセンのフリードリヒ・ヴィルヘルム一世は、「ジプシーは、一八歳を超えていれば、男女を問わず裁判なしで縛り首にできる」と布告した。

フランスでは、一六世紀に入ってパリの王国政府が直接、ジプシー規制に乗り出すようになった。一五三九年六月二四日のフランソワ一世の布告は、ボエミアンのフランス滞在を禁止し、違反者には「体刑」を科すとした。この「体刑」は、一五六一年のシャルル九世の布告でこう定められた。「男は髭と髪を剃り落してガレー船送り、女と子どもは髪を剃り落して国外追放」。一六六五年の警察規則は、ボエミアンを逮捕し、男は司法手続きなしにそのまま三年間のガレー船送りに、女は鞭うち・烙印押捺のうえ国外追放に処することを定めた。ルイ一四世の国務大臣コルベールが進めた海軍建設のためにガレー船の漕ぎ手を確保することがその目的の一つだったという。実際、逮捕された多数のジプシーがマルセイユやツーロンの海軍要塞に引き渡された。

一六八二年七月一一日のルイ一四世の国王宣言がフランスにおけるジプシー弾圧法の頂点をなした。この宣言によって、それまでのジプシー規制法のすべてが有効とされ、新たに占い女も処罰の対象とされた。男は終身のガレー船送り、女と子どもは髪を切り落とし、さらにむち打ちのうえ国外追放。子どもは施療院に収容されて「一般の子どもと同じように養育・教育される」。

この宣言は、これまでの法令が効果をあげなかった理由として、「かつても今も城砦や邸宅のなかに彼らをかくまう貴族や判官」による保護をあげたことでも注目される。「すべての貴族、大判官、および領主」がボエミアンに隠れ場を提供することを禁止された。違反すれば、司法権の剥奪、領地の王領への統合、さらには「場合によっては大罪による処罰」が科された。王権の強化を目指したルイ一四世が、ボエミアン追放令を利用してこれら大領主や貴族たちの強大な特権に戦いを挑もうとしたのだという。

スペインでは、「黄金時代」が比較的長く続いたが、それでも一四七〇年代ごろになると扱いは冷淡になっていった。決定的な転機となったのは、イベリア半島からイスラム勢力を駆逐するレコンキスタ運動の最終的勝利である（一四九二年）。勢いに乗ったカトリック勢力は、間髪をいれずユダヤ人の追放に着手、次いで標的とされたのがヒターノつまりジプシーであった。一四九九年三月の布告は、ヒターノにたいして定住して奉公先を探すか六〇日以内に国外に退去するかの選択を迫った。一五三九年、一五六〇年にも同様の布告が出され、違反者は永久奴隷とする、ガレー船送りとするなど、罰則が強化されていった。

次の転機となったのは、一六一〇年に始まったモリスコ人（ムーア人とも。北アフリカ出身のイスラム教徒の子孫で、キリスト教に改宗してはいたがなかなか同化しなかった）の追放である。それが済むと、カトリック勢力の敵意はふたたびヒターノに集中した。一六三三年のフェリペ四世の国事勅令がスペインの新しいヒターノ政策の基調を定めた。それは、一方で同化の促進を強調し、他方でこれに従わない者に厳罰を定めた。ヒターノは、自分たちだけで集まって暮らし、他と違った衣装を身につけ、独自の言葉を使うなどのことを禁止された。ヒターノという語の使用が禁止され、ヒターノを舞踏や演劇の題材とすることも禁じられた。放浪のヒターノを捕まえた者は、これを自分の奴隷とすることができた。こうした禁令に違反して捕まれば、男は六年間のガレー船送り、女は鞭打ちと追放に処された。ここでも、地中海艦隊のガレー船の漕ぎ手が不足していたという事情が背景にあったという。

同様のジプシー禁令は、一六九五年のカルロス二世の布告、一七一七年のフェリペ五世の国事勅令と続き、この頃までに遊動を続けるジプシーはほとんどいなくなったとされる。一七四九年のフェルナンド六世の「一斉摘発」がその総仕上げとなった。七月三〇日、一夜にして全土で九〇〇〇人から一万二〇〇〇人の「放浪のヒターノ」が捕まった。彼らは、もはや時代遅れとなっていたガレー船の代わりに、海軍の造兵廠や北アフリカの駐屯地要塞、水銀鉱山などで重労働に酷使された。しかし、捕まったのは大半が定住して地元社会に溶け込んでいたヒターノであった。褒賞金目当てに役人や警察が手当たり次第に捕まえた結果だったという。鍛冶屋やパン焼きを失った地元社会から苦情が殺到した。カルロス三世が再調査を命じて、一七六三年に全員の釈放が決定されたが、そのときまで生きのびていたのは一六五名にすぎなかったという。以後スペインでは、啓蒙主義の精神にたって比較的寛容なジプシー政策が続くことになった。これが一九世紀以降のフラメンコ芸術の発展につながったとされる。

イギリス（イングランド）では、ジプシーの最初の記録は大陸ヨーロッパよりもずっと遅れて一五一四年とされるが、早くも一五三〇年には最初のジプシー規制法が制定されている（「エジプト人と自称する異国風の人間にかんする法律」）。「彼らは、手仕事も商品ももたずにこの王国にやってきて、州から州、町から町を多人数で移動して回り、……手相をみて男と女の運勢を占うことができると信じ込ませ、その悪賢さと陰険さで民から金を巻き上げ、数かぎりない悪辣な犯罪と略奪によって、訪れた先の民を傷つけ、欺く」。その流入を阻止するために、「これ以降、この種の人間は入国を禁止される」。禁を破って入ってきた者は、財産を没収され、一五日以内に出国することを命じられた。従わなければ投獄。すでに国内にいるエジプト人は一六日以内に退去しなければならず、違反すれば財産を没収したうえで投獄。

それでも、彼らの「流入」は続いた。そこで、一五五四年、新たな禁令が制定された（「エジプト人と自称する特定の人間の処罰にかんする法律」）。入国して一カ月以上滞在した「エジプト人」が財産を没収されたうえ死刑とされただけでなく、彼らを「（国外から）輸送ないし搬送」してきた者にも四〇ポンドの罰金が科されることになった。以前から滞在していて四〇日以内に退去しなかった場合も同罪とされた。これまでに発行された免許状や通行証はすべて無効と宣言された。この一五五四年法は、しかし、捕まった「エジプト人」がイングランドに「輸送ないし搬送」されてきたこと、つまり外国人であることの証明が難しくて、実際の効力はあまりなかったとされる。

そこで次に制定された一五六二年の「エジプト人と自称する放浪者のさらなる処罰に関する法律」は、「エジプト人と自称する放浪者」を対象として、違反者にたいして厳罰が定められた。「エジプト人」と呼ばれ、ないしはそう自称する放浪者の集団に一カ月以上にわたって所属していたことが「一回ないし数回」確認され、あるいは「衣装や言葉、その他の振る舞いによって……エジプト人であるかのように欺き、装い、偽装する」一四歳以上の者は、すべて死刑とされ、その土地と財産を没収された。

四　過渡期ヨーロッパ社会の構造的問題

このように一見して厳しい規制法が各国で次々と制定されたにもかかわらず、ヨーロッパ社会からジプシーがいなくなることはなかった。

その原因を「東洋人種」としてのジプシーの特性（グレルマン）や彼らの「適応と生存の驚くべき能力」（フレーザー）に求めるとすれば、それは人種主義的発想に道を開くことになろう。むしろ、近世以降のヨーロッパ社会には、このような人間集団を不断に再生産するメカニズムが存在したのだと考えなければならない。

まずはこうした法令が「ザル法」であってほとんど効果を上げなかったことが指摘されよう。実際にガレー船送りや国外追放、さらには縛り首などの厳罰に処された例は数多く存在するものの、全体としてみれば法令がその文言どおりに厳しく適用された例はむしろまれだった。当局は、多くの場合、ジプシーの存在を見て見ぬふりをして放置し、何かの事情で捕まえた場合でも、煩雑な法的手続きにかけるよりも、隣の町や村、さらには隣国に追放することで済ませた。

そもそも取り締まり対象である「ジプシー」や「エジプト人」、「ボエミアン」などの定義そのものがあいまいだった。巷間、ジプシーはまず何よりも外国人と見えた。だが、実際に取り締まる段になると、捕まった当のジプシーが外国人であることを証明するのは困難だった。ほとんどが地元の言葉をしゃべり、地元の状況に精通し、キリスト教徒と自称したからである。つねに移動の生活を送る流れ者の集団と見えた以外、彼らを外国人と決めつける材料はほとんどなかった。

彼らが厳罰に処されるべき犯罪者とされた根拠もはっきりしなかった。神聖ローマ帝国議会が一四九八年に最初のジプシー取締法を制定したとき、その理由とされたのは、異教徒にキリスト教国を売った、つまり「トルコのスパイ」という罪状だった。煽情的ではあったが、ほとんど証明不可能な告発であった。移動を続ける生活形態が原因となって定住の農民とのあいだでいざこざが生じることはしょっちゅうあったが、うわさ以外に明白な犯罪の証拠はほとんどなかった。地域共同体の周縁にいる人間が、泥棒や人さらい、放火などのさまざまな犯罪を疑われたのはこの時代に限ったことではなかった。歴史は、社会的混乱の時代に彼らがつねに贖罪の山羊とされてきた事例を無数に提供している。

くわえて、この時代にもさまざまな遊動の生業を営む人たちは多かった。遍歴の職人、旅回りの芸人、煙突掃除やネズミ取り、刃物研ぎなどの各種サービスを提供する巡回の業者、小物の行商人などはまだごく普通の存在だった。旅回りの楽師は、村の祭りや葬式など冠婚葬祭の行事に不可欠であった。占いや手相見などは、素朴な農民だけではなく、都市住民や王侯貴族からも根強い需要があった。彼らをすべて「ジプシー」として追放することは不可能だった。

しかも、取締りにあたる今日の警察のような効率的な組織はいまだ不在であった。ドイツの場合、神聖ローマ帝国といった構造はきわめて形式的な存在で、広大な領土を皇帝や帝国議会が実効支配していたわけではなく、したがってその法令や布告は象徴的な意味しかもたなかった。三五〇あまりが群立する領邦国家がそれぞれ取り締まりに当たったたが、相互の協力関係はほとんどなきに等しく、それが効果を上げることはなかった。

中央集権国家の建設が進んでいたフランスにおいてさえ、事態はそれほど変わらなかった。ルイ王朝が全土で実権を把握するまではまだしばらくの時間がかかったし、王国内の諸侯が、楽師や傭兵として雇ったり、占いをさせるなどのさまざまな理由で「ボエミアン」を利用し、彼らに保護を与え続けたという事情もあった。上述のように、ジプシー禁令はこれら諸侯から権力を奪うために王権が利用した手段の一つという側面さえあったのである。

しかし、厳しい弾圧政策が効果を上げなかった根本的な原因は、この時代、ジプシーとされた人間集団の存在がヨーロッパ社会の構造的な問題に根差していたことにあったと考えるべきであろう。ジプシーの蔓延は、中世封建制が崩壊して近代資本主義体制へと向かう歴史的過渡期のヨーロッパ社会が直面していた貧民／流民の大量発生という構造的な問題であって、一片の布告や勅令によってはそもそも解決は不可能だったのである。

当時のヨーロッパにおいては、封建体制の崩壊によって膨大な数の貧民／流民が発生する一方で、彼らを吸収する新たな近代的大工業はいまだ形成途上にあった。農地を取り上げられて生活手段を失った貧民／流民は、各地をさまよい歩いて必死になって生きのびようとしたが、その手段は限られていた。たとえ首尾よく就業の機会が得られたとしてもそれはきわめて不安定であった。こうした機会に恵まれなければ、あとは物乞いに身を落とすか、泥棒をやるか、あるいは野盗や追剥の群れに加わるかしかなかった。

トーマス・モアの『ユートピア』(一五一六年)がこの間の事情を象徴的に物語っている。「盗人はあちらこちらで、一絞首台毎に二〇名ずつ絞首刑に処せられているとのことでした。処刑を免れる者は殆どいないのに、依然として盗人はいたるところに横行しているが、一体これはどういう悪因縁によるのであるか、ただ驚きあきれるほかはない」と問われて、語り手の「私」がこう説明する。

……〔怠惰と安逸の生活を送る強欲な貴族の存在に加えて〕もう一つ、あなた方イギリス人だけに特有な原因があります。……他でもありません……、イギリスの羊です。以前は大変おとなしい、小食の動物だったそうですが、この頃では、なんでも途方もない大喰いで、その上荒々しくなったそうで、そのため人間でさえもさかんに喰殺しているとのことです。おかげで、国内のいたるところの田地も家屋も都会も、皆喰い潰されて、見るもむざんな荒廃ぶりです。……無理無体なといいますか、まるで手段を選ばない卑劣な策動に乗ぜられ、この憐れな、無知な、惨めな百姓たちは自分の土地から出て行かなければなりません。そこには男も女も、良人も妻も、孤児も、更に寡婦も乳呑児をかかえた母親もいます。百姓仕事というものが元来人手を多く要する仕事なので、頭数だけは多いが、財産は殆どない、といった全家族の者が一団となって出てゆくのです。彼らは住みなれた懐しいわが家を捨てて、とぼとぼと寄るべない放浪の旅に出て行きます。……こういうわけで、あちこちと放浪している間には、その金もすぐに使い果してしまいます。そういう時、彼らに残された道としては、泥棒を働き、……それとも乞食をして歩くか、そのいずれかしかありません。……〔それまで使われていた貴族の館や修道院から〕追い出された召使たちの行く先も、乞食の他に何がありましょう。根性のしっかりした勇気のある連中なら、もっと気のきいた仕事を始めます。つまり泥棒をやるのです。だって彼らにとってほかにどのような道があるとおっしゃるのでしょうか（岩波文庫版、平井正穂訳）。

ここでモアは、主として、資本主義の勃興によって隆盛をきわめた近代羊毛工業に原料を供給するために、領地を牧羊地として囲い込んでそこに暮らしていた農民を追い出すいわゆる「エンクロージア」について語っている。

大量の貧民／流民をもたらしたのはエンクロージアだけではなかった。ヨーロッパでは、すでに一五世紀以来、打ち続く飢饉、旱魃、戦乱によって土地を追われ、住処を失い、仕事をなくした膨大な数の貧民／流民が農村地域や街道筋、大都市にあふれていた。彼らの圧倒的多数は、最終的には大都市に入り込んでそこの貧民層を形成し、衣食の手段を失えば市や教会の前で物乞いをするほかなかった。

ライン河沿いのバーゼル、ベルン、シュトラースブルクのような大都市は、いやヴォルムスからフライブルクを越えシュレットシュタットに至る中都市までも、土地もなく国々をさすらう貧者のたえまない殺到にさらされた。二大旱魃に、飢饉と物価高の波がつづいた。一四八九年の物価高の波は、かつてないほどに貧農を故郷の家から街道へと追いたてた。この貧しい百姓たちは、たくさんの飢えた子どもをつれ、次の日の食糧にもたりない、わずかのパンや穀物の入った小さな袋をもっているだけだった。そのめざすところは、ゆたかな都市で生きのびるか、新しい生活をはじめることだった／土地を失った「宿なし」が、……シュトラースブルクのような大都市にうけ入れてもらおうとしたのは、初めてのことではない。一四世紀以降、危機が到来するたびに、農村を逃散した者たちの津波が、ヨーロッパの都市をくりかえしおそった（『放浪者の書』）。

宗教的雰囲気も一変していた。一五世紀とは異なって、農村地域では巡礼行はもはや歓迎されなくなっていた。貧民／流民たちは、大都市においてかろうじてそこの住民の宗教心を当てにすることができた。ここではまだ、貧民を踏みつけて豊かになった市民たちが富を得る過程で犯さざるをえなかった罪、富を享受し続けるために犯さざるをえない罪を意識していて、この罪を贖う最後の可能性を貧者への施しのうちに見出していたからである。「富める罪人は最後の審判の日の神の怒りをなだめるために貧者に施しを与えなければならない。貧困は神への橋渡しをしてくれるという意味で神聖である」。都市では、こういう意識が貧者にたいする施しを一種の義務としていた（『放浪者の書』）。

だが、皮肉なことに、宗教はジプシーの問題をさらに深刻化させる一因でもあった。ドイツとフランスでは一六世紀から一七世紀にかけて宗教戦争の戦乱が続いた。とくにドイツは、当時のヨーロッパの諸強国が入り乱れて戦った三十年戦争（一六一八－四八年）のあいだ、あらゆる国の軍隊によって国土が蹂躙された。戦闘そのものによる人的、物的な被害も甚大であったが、農村の荒廃をいっそう深刻にしたのは、これらの軍隊が主として報酬目当てに雇われた傭兵によって構成されていたことである。傭兵隊には、多くの場合、戦闘部隊の数をはるかに上回る多数の女子どもを含む雑役集団が同行していた。神聖ローマ帝国軍総司令官に任じられたワレンシュタインの部隊——彼の財力によって組織された傭兵隊であった——は、最盛期には四万人の兵士で構成されたが、この種の従軍者の群が一三万人を数えたという。こうした傭兵隊が、戦闘の合間、略奪を繰り返しながら徘徊し、農村住民から食料を奪い、財産を収奪して私腹を肥やそうとした。

傭兵隊の蔓延は、農村住民を疲弊させてその「ジプシー化」を促進しただけでなく、農民のあいだにジプシーに対する恐怖と敵意を植え付けた。厳格な規律を欠いた不正規部隊は、当然のことながら、ひと山あてようとする、あるいは食いっぱぐれてほかに生活手段のないあらゆる類いの人間を引き寄せた。ワレンシュタインはこうした人間集団を「ジプシー部隊」として活用した。

一〇人から一五人ほどで構成される多数の「ジプシー部隊」が、戦争の全期間を通じてボヘミアから下ザクセンにかけて展開し、その過程で広く略奪を行なった。「ジプシー部隊」はスウェーデン軍にも配属され、それはもっとも無慈悲に略奪を行なった部隊であると評判された。

戦後も長いあいだ絶望的な混乱状態が続いた。戦闘がなくなって用済みとなって除隊された元傭兵たちは、行く場を失い、盗賊やさまざまな類の浮浪者と合流して野盗と化し、各地を荒らしまわった。耕す土地を失い、略奪されて無一物となった農民たちも、故郷を離れて放浪し、乞食や盗みをくり返す以外に生きるすべがなかった。もはや農民も除隊兵も、盗賊も浮浪者も区別がつかなかった。彼らすべてが「ジプシー」だった。

フランスでも、一七世紀の前半、とくにフロンドの乱(一六四八-五三年)のような宗教戦争のあいだ、傭兵として雇われた「ボエミアン」の武装集団が、軍役のかたわら勝手気ままに各地を荒らしまわった。戦争が終わって容赦なく解雇された彼らのなかには、行き場を失って盗賊団に加わるものも多かった。こうしてボエミアンは、「盗賊団や悪党連中」の代名詞とされて、広く嫌われ、厳しく弾圧されるようになった。一六七三年の布告は、「ボエミアンと呼ばれる流浪民および宿無し」は賤しむべき悪人の「盗人」であるとした。一七世紀のある辞書は「ボエミアン」をこう定義した。「ある種の放浪の乞食、浮浪者、放縦者で、盗み、詐欺、いかさまで生活し、とりわけ、信じ込みやすく迷信にとらわれた人びとを相手とする占いを職業とする」。

イングランドでも、大規模な戦乱こそなかったものの、大陸ヨーロッパに先駆けて進んだ「資本の原始的蓄積」の結果として貧民／流民がかつてなく増大していた。とくに一六世紀後半から一七世紀半ばにかけて、かつて隆盛を極めた羊毛工業の大不況もあって、貧民が急増し、家族ぐるみや子供連れの浮浪者が激増して、貧民／流民の問題が質的にも量的にも急速に深刻化していった。

それとともに、「エジプト人」排斥はそれに名を借りた広範な浮浪者・放浪者の禁圧政策となっていった。上述のように、一五三〇年と一五五四年の初期のジプシー抑圧法は「エジプト人と自称する異国風の人間」、すなわち外国人を取締りの対象としたが、一五六二年の法律は「エジプト人と自称する放浪者のさらなる処罰に関する法律」と題されて、国籍のいかんを問わず「エジプト人と自称する放浪者」を処罰の対象とするようになった。一五六二年法は、とくにジプシー（「エジプト人」）を対象とした法律としてはイングランドでは最後となったが、このことは、これまでの法律が功を奏してジプシーの問題が解決されたことを意味したわけではなかった。当局は、イングランドの全域で社会的に深刻な問題となっていた激増する貧民や流民の群れへの対策に追われ、ジプシーは取締りの対象の「浮浪者、放浪者、あるいは壮健な乞食」の一部であるに過ぎなくなっていたのである。たとえば一七一三年の放浪者取締法は、「ジプシーであると称し、習慣として放浪し、偽エジプト人を構成し、あるいは観相術や手相見、えせ科学に通じていると称し、または運勢占いや夢占いをなすと称し、さらに怪しげな道具を使い、不法な遊戯や芝居を行う者すべて」を対象としていた。

つまり、この時代、ヨーロッパ各国が直面していたのは、過渡期の社会が生み出した大量の貧民／流民の問題だったのである。彼らが浮浪者となってあたりをさまよっては野盗と化し、傭兵に活路を見いだいしては略奪を重ね、大都市に入り込んでは乞食の大軍を形成した。形成途上にあった中央集権国家の政府は、社会秩序を維持し、政治的安定を図り、有用な「国民」を形成してゆくという観点から、この問題を放置できなかった。そのために各国で、こうした浮浪者や野盗を根絶しようとして厳しい取締法が制定された。その際、「ジプシー」という呼称が、こうした人間集団を指す「総称的代名詞」として機能したのである。

第四章　グレルマンのジプシー論

一五世紀初頭以来さまざまな人間集団がジプシーとされてきたが、一八世紀半ばすぎ、彼らを「一つの民族」と括って、その生活や習慣、文化や言語、そして起源と歴史を首尾一貫して説明する学問的著作が登場した。一七八三年に公刊されたゲッティンゲン大学の歴史学者ハインリッヒ・M・G・グレルマンによる『ジプシー——ヨーロッパにおけるこの民族の生活と経済、習慣と運命、ならびにその起源にかんする歴史的考察』（以下『ジプシー論』と略記）である。この書でグレルマンはジプシーとは「インド起源の放浪民族」であることを「証明」し、全ヨーロッパが、そして全世界がこの説を受け入れた。ジプシーの「謎」が解けた——とされた。

一　グレルマン『ジプシー論』

グレルマンの議論は、日本においてもジプシー論の前提となってきたにもかかわらず、その具体的内容が語られることはほとんどなかった。そこで、以下、まずその議論をやや詳しく紹介して、そのうえでそこに含まれるいくつかの基本的な問題を検討する。

彼の『ジプシー論』は次のように構成されている（ここでは一七八七年に出た英語版のリプリントを使用した）。

英訳者による献辞と序

序文

はじめに　ジプシーについての歴史的小論

第一部　ジプシーの説明：彼らの生活様式、習慣、および特性

第一章　これらの人びとのさまざまな呼称

第二章　ジプシーの拡散とヨーロッパにおけるその数

第三章　彼らの身体的特性

第四章　彼らの食べものと飲みもの

第五章　ジプシーの衣装

第六章　彼らの生活

第七章　彼らの職業と商売

第八章　彼らの結婚と教育

第九章　彼らの病気、死、埋葬

見られるように、一見してジプシーにかんする包括的研究である。
「はじめに」において、グレルマンのジプシー認識の基本が示される。「もっとも注目に値すると思われるのは、一般に時間も気候も実例も、これまで彼らをいっさい変化させなかったことである。三〇〇年から四〇〇年ものあいだ彼らは放浪してきたが……どこにあってもつねに父祖たちと同じままである――つまりジプシー。アフリカは彼らをこれ以上黒くせず、ヨーロッパはこれ以上白くしない。スペインで怠惰を学ぶことはなく、ドイツで勤勉を学ぶこともない。トルコでマホメットを、キリスト教国でキリストを敬うこともしない」。つまりグレルマンは、社会的、自然的環境の影響をまったく受けず、何百年たってもいっさい変化することのない、きわめて静的で、全体として均質な人間集団の存在を想定したのである。

こうした想定にたって、まず第一部で、ジプシーやツィゴイナーその他、ヨーロッパ各地でさまざまな名称で呼ばれてきた人間集団が一括されて、彼らはすべて「ジプシー」という「ひとつの民族」の成員であるとされた。そのうえで彼ら全体に通じる特徴、つまりジプシーの民族誌が語られた。こうして、単一かつ均質の「ジプシー民族」が発見された。

そして第二部で、この「ジプシー民族」の歴史と起源が追究された。彼らはインド起源であると結論された。その過程で決定的に重視されたのは、彼らの使うとされた言語だった。つまり、民族の起源はその使用する言語の分析によって明らかになると考えられたのである。

ジプシー民族の特徴

第一部は「ジプシー民族」の民族誌である。

まず第一章で各国におけるさまざまな呼称が検討された。ボエミアン（フランス）、ハイデン（異教徒の意）（オランダ）、タタール（デンマークとスウェーデン、そしてドイツの一部）、ファラオ（ハンガリー）、ジプシー（イギリス）、ヒターノ（スペイン）、ツィゴイナー（ドイツ。この呼称の各国語による変化形がフランス、イタリア、ハンガリー、トランシルヴァニア、ワラキア、モルドヴァ、そしてトルコでも使用されている）、その他。しかし、「同じ民族が異なる国で別の名称で呼ばれるのは普通のことである。ジプシーの場合がまさにそうである」。こうして彼は、これらさまざまな名称で呼ばれている人間集団を、それぞれの実体を検討することは一切しないまま、すべて同じ「ジプシー民族」に属するとした。

第二章で分布が検討された。アメリカを除く地球上のいたるところに広がっていて、アジアやアフリカをも放浪し、「イナゴのごとくヨーロッパ諸国のほとんどに蔓延している」。イタリアとスペインに比較的多く、イギリスやフランス、ドイツには少ない。北欧やロシアにもいる。しかし、もっとも多いのは、ハンガリーからトランシルヴァニア、ワラキア、モルドヴァ、セルビア、ギリシア、ブルガリアにいたる南東ヨーロッパで、ここはジプシーの「たまり場」である。

第三章「彼らの身体的特性」では、ジプシーの身体的特徴がなかば賞賛のまなざしで描き出される。褐色がかったオリーブ色の肌、長く伸びた黒い髪、くるくる動く生き生きとした目、真っ赤な唇、そのあいだからのぞく真っ白な歯、長い四肢と均整の取れた体つき、動きの敏捷さ、まったく病気をしない健康ぶり、など。彼は、こうした身体的特徴を、遺伝的形質ではなく、生まれ育った環境の結果であると考えた。たとえば、肌の色が黒いのは焚き火の煙と不潔のなかで暮らしているからである、云々。

第四章「彼らの食べものと飲みもの」では、屍肉好みが指摘されたほかは、「彼らの食事は貧しい」としてその具体的な中身はほとんど素通りされた。彼らのもっとも好む飲み物はタダで手に入る水であり、懐に余裕があれば安物のブランデーを痛飲する、という。かわりに、章のほぼ半分を費やして、しばしば巷間で語られる彼らの人肉食の問題が長々と検討された。確たる証拠は得られないがその可能性は否定しきれないというのが、曲折を繰り返した挙句の彼のここでの結論である。

第五章「ジプシーの衣装」では、彼らは基本的にボロをまとうとされて、これ以上の説明はほとんどない。

第六章「彼らの生活」。ここでのグレルマンの主張ははなはだしく一貫性に欠けている（ここに限らず、矛盾する主張を平気で展開するのは、彼の「論証」の基本的な特徴の一つでさえある。観察された事実を自分の抱くジプシー像にむりやり一般化しようとしたためではないか）。スペイン、トランシルヴァニアやハンガリー、ワラキアとモルドヴァでは「彼らの多くは、生活状況に応じて決まった住居をもつ」。ところが「彼らの圧倒的大多数は、……決まったところに住む快適さを知らず、住居をもたずに……群をなしてあちこちを放浪する」というのだ。スペインやドイツでは森のなかや岩陰で過ごす。

第七章「彼らの職業と商売」は、民族誌を分析した第一部では最大のスペースが割かれていて、ジプシーが従事するというさまざまな職業が延々と検討されている。鍛冶屋、博労（さまざまないかさま取引の手口詳しく語られる）、大工、轆轤師、ザルつくり、木靴つくり、召使、刑吏、皮剥ぎ、楽師など。女は行商、売春、淫らな踊り。以上は、ほとんどがハンガリーの事例による。そしてヨーロッパ各地で昔から有名な占いや手相見、観相術。スペインの旅籠屋。「バナート、トランシルヴァニア、ワラキア、モルドヴァ」の砂金洗い（その技術や道具から雇用形態、収入にいたるまで、説明は微細をきわめる）。

彼は結論する。「以上が、ヨーロッパのさまざまな国におけるジプシーの伝統的な商売と職業である。しかし、毎日の暮らしをたてるに十分なほど、彼らの鍛冶屋でいつもハンマーの音が鳴り響いている、またはその他の商売がそれらにふさわしく勤勉に行なわれているなどと想像してはならない。逆である。彼らの怠惰が一日の時間のほとんどを空費させて、家族はしばしば困窮のどん底に追いやられる。このゆえに、勤勉と仕事への没頭よりも、乞食と泥棒が飢えを鎮めるための彼らのもっとも一般的な方法となる」。

第八章「彼らの結婚と教育」。少年は一四歳か一五歳になると二、三歳下の気にいった少女と式も挙げずに結婚する。多産で、親は子どもを溺愛し、しつけというものをせず、小さいときから泥棒を教える。グレルマンは嘆く――「人間の性格は教育によって形成される。ジプシーが怠け者、泥棒、人殺し、火つけとなるのに、何の不思議があろうか」。

第九章「彼らの病気、死、埋葬」。彼らはきわめて健康で、ほとんど病気をせず、長寿だが、宗教をもたないから獣のように死を迎える。

第一〇章「ジプシーに独特の統治体制」。前半で、一五世紀はじめにヨーロッパに現れたとき、彼らが「公爵や伯爵」に率いられていたことが想起される。これは、彼らの伝統ではなく、文明世界の模倣にすぎなかった。しかし、ハンガリーとトランシルヴァニアのジプシーには「頭領」を戴く伝統があったとして、後半ではもっぱらこの両地方のこの事例が検討される。

第一一章「ジプシーの宗教」。ジプシーには独自の宗教はなく、政治的、経済的な理由から便宜的にその地の宗教に帰依しているふりをする。

第一二章「彼らの言語、学問、芸術」。学問と芸術は「この手の人間には考えられもしない」と一蹴されて、議論の大半は言語の問題にあてられている。しかも、言語の問題といっても、その言語学的な分析は第二部第五章に委ねられ、ここで言及されているのは、彼らが独自の言葉を使うという事実、この事実が知られるようになった簡単な経緯、そしてこれまで彼らの言葉が分析されてこなかった理由だけである。

第一三章「ジプシーの性格と能力：国家にとって有益か否か」。「子どもじみた思考、粗野で未消化の概念しかもたない頭脳、理性よりも感情に導かれる行動、本能的欲望の充足にしか使われない省察、そんな人間を想像してみれば、ジプシーの性格の完全な概略が得られる」。グレルマンによれば、こうしたジプシーにも取り柄はある、その素朴さと敏捷さで、国家はここに着目して彼らをたとえば兵士として活用することができるという。ただし、いつでもスパイとなるから要注意である。

第一四章「国家による彼らの許容」では、歴史的文献によりながら、主として西ヨーロッパ諸国で彼らが国家によって排斥されてきた歴史が回顧される。彼によれば、彼らが生き延びて各国に蔓延してきた事実が証明するように、こうした政策は誤りであった。追求すべきは、彼らを「有用な市民」として活用することであり、そのためには子どもの教育が何よりも重要である。

第一五章「彼らの改善にかんする小論」で、そのための具体策が提唱される。まず、ハンガリーにおける啓蒙主義の専制君主マリア・テレジアの「同化政策」が賞賛される。重要なのは、子どもを幼いうちに親元から引き離して、立派なキリスト教徒となるよう教育することである。次いで、ハンガリーの官報から、マリア・テレジアの遺志を継いだヨーゼフ二世の一七八二年九月の「ジプシー規制令」の全文が引用される。「ここには、悪の根源に迫るための、そして宗教についての彼らの考えと主張を改めさせ、市民としての生活を向上させるための、必要にして詳細な指示が与えられている」。

第一部の最後に付せられた「……書簡」は、「以上に述べられた論点の正しさを簡単に再確認する」ものであるという。

インド起源

第二部「ジプシーの起源について」でグレルマンは、こうして発見された「ジプシー民族」の歴史と起源を解明しようとする。

第一章「ヨーロッパにおけるジプシーの最初の出現」では、歴史的文献に拠りながら、ジプシーがヨーロッパに最初に現れたのは一四一七年であるとされた（今日でも多くの論者が踏襲する年次である）。この年から各地で目撃されたことが伝えられる「小エジプトから来た巡礼」集団がそれであるという。

第二章「聖性、パスポート、最初のジプシーと後のジプシーの違い」。彼らは当初、皇帝や教皇から安全通行証を与えられた信心深い巡礼であると自称し、ヨーロッパ社会もこの主張を受け入れて彼らを厚遇した。しかし、こうした「ジプシーの黄金時代」は長くは続かず、やがて泥棒や乞食など浮浪者の集団として各地で排斥されるようになった。最初のジプシーは本物の巡礼だったが、彼らは目的を果して帰国してしまい、今はヨーロッパ各国出身の盗賊やならず者の集団が巡礼を装ってあたりを徘徊しているにすぎないとする説（シュトゥムプフら）は退けられた。

第三章「想定されたジプシーの起源」では、これまでに提起されてきたさまざまな起源論が俎上に載せられた。ギリシア説、北アフリカ説、メソポタミア説、コーカサス説、サラセン人説、ワラキアやブルガリア、トラキア説、等々。そしてユダヤ人説。これら諸説はすべて科学的根拠がないとして退けられた。

第四章ではとくに「ジプシーのエジプト起源説」が詳しく検討された。これは彼らが当初「小エジプトから来た」と称したと伝えられ、また広く「エジプト人」と呼ばれていたことによる。この説もまたまったく根拠がないとされた。

そして第五章「ジプシーはヒンドスタンから来た」で議論はいよいよ核心に入る。この章はこう始まる。「相手の話す言葉が理解できれば、まったく見知らぬ二人でもたちどころにおたがいを理解することができる。それゆえに、その言葉が共通に話されている国が発見できれば、それはこれらの人びとの起源を確実に知るためのもっとも間違いのない方法の一つである」。

グレルマンはまず、ジプシーのインド起源を発見するきっかけとなったとして、一七七六年にドイツ語によるハンガリー情報誌『ヴィーナー・アンツァイゲン』に載ったセーケイ大尉なる人物による次のような報告を紹介する。


一七六三年一一月六日にある書籍商が私に会いに来た。その名はシュテファン・パップ・

サトマール・ネーメティといった。さまざまなテーマが話題となり、最後にジプシーの話になった。このとき、その客は、コロマ郡アルマーシュの改革派牧師シュテフェン・ヴァーリから聞いたという次のような話を語ってくれた。——ヴァーリがライデン大学で勉強していたとき、何人かの若いマラバル人と親しくなった〔マラバルとはインド南西部の地方名〕。そこではいつも三人がライデン大学で勉強することを義務づけられていて、交替の三人が来るまで帰国することは許されなかった。彼らの話す言葉がジプシーの話すそれとよく似ていることに気づいたヴァーリは、この機会を利用して、彼らから聞き取った最大で一〇〇〇語の言葉をその意味とともに書き留めた。そのときの彼らの話だと、祖国にはチガニアという地方ないし州があるという（地図には見当たらない）。大学から戻ったヴァーリは、ラーベル〔ドイツ語でラープ、ハンガリー語でゲール〕のジプシーたちにこのマラバルの言葉を伝えたところ、彼らは難なくただちにその意味を理解した。

そこでグレルマンは、事の真偽を確かめるべく、ジプシー語とインドの言葉〔彼のいうヒンドスタン語〕をあらためて詳細に比較・検討した〔比較表が二九ページにわたって続く〕。ほとんどが数詞、名詞、形容詞、動詞などの語彙の比較で、屈折や活用などの文法的側面の比較例がこれに続く。結論はこうである。「以上がジプシーの言葉である。これは疑いもなくヒンドスタン語であり、これだけで、これらの人びとのヒンドスタン起源を証明するに十分である」。

それでもグレルマンは、言語学的比較だけでは不十分であると考えたようである。第五章の残る部分で他の「証拠」が検討されているからである。肌の色や体形、性格、ジプシーに多いという「ポルガル」という姓、鍛冶や楽師、踊り子といった職業、放浪の生活様式、占いなどがすべてヒンドスタンの住民と共通する。過度の饒舌やサフラン色の好みなどもそうである。「ツィゴイナー」という名称そのものも、インダス川河口に住むインド人「ツィンガネン」から来た。

そして最後に第六章「ジプシーはシュードラというカーストである」。第一部で明らかにされたジプシーの諸特徴はことごとくが、インドの最下層カーストで、上層カーストすべてから軽蔑され嫌悪されている「シュードラ」のそれである。このシュードラの一部が、ティムールの侵入を契機として、一四〇八年から一四〇九年にかけてインドを出て、途中のルートは定かではないものの、おそらくはペルシアとトルコ、あるいはエジプトを経由して一四一七年にヨーロッパにたどりついた。

グレルマンはその著書をこう締めくくっている。「私の主要な目的は、ジプシーがインドから来たこと、そして彼らはシュードラであることを証明するにあった。目的は達成できたと思う」。

二　創造された民族、想像された原郷

以上のグレルマンの議論には、その核心部分において二重、三重の論理の飛躍のあることが指

摘されなければならない。

第一に、グレルマンはジプシーという「放浪民族」がヨーロッパに普遍的に存在するとした。ところが、その際、ヨーロッパ各地でさまざまな呼称で呼ばれていて、グレルマンによって「ジプシー」と一括された人間集団がすべて、実際に同じ一つの「民族」に属することをいかなる意味でも論証しなかった。

グレルマンの指摘するとおり、同じ民族が国によって異なる名称で呼ばれている可能性はいくらでもあろう。しかし、「ジプシー」の場合がそうであることを証明するためには、すくなくとも彼のあげた名称で呼ばれる個々の人間集団について、その身体的特徴や生活習慣、言語、文化、歴史などを検討して、基本的な要素が共通していることを示さなければならなかったはずである。グレルマンはこの作業を怠った。これは、一つには各国のジプシーに関する民族誌的な研究がいまだほとんど存在しなかったという資料の時代的な制約によるのであろうが、基本的には彼のジプシー観にもとづくと考えるべきである。すなわち、当時の社会通念を疑わず、それにそのまま従って、これらの名称で呼ばれている人間集団すべてをアプリオリに「ジプシー」と括ったのである。

その上でグレルマンは、この「ジプシー」がどのような「民族」であるかを示すために、その「民族誌」を説いた。そしてその際、この作業のほとんどすべてをある雑誌の連載記事に依拠して行なった。上述のドイツ語によるハンガリー情報誌『ヴィーナー・アンツァイゲン』(以下『アンツァイゲン』）である。

グレルマンが重用したこの『ヴィーナー・アンツァイゲン』とは、一七七一年から一七七六年にかけてウィーンで刊行されたドイツ語による週刊のハンガリー情報誌（正式名称は『（オーストリア＝ハンガリー帝国のこの上なく恵み深い特権を有する）オーストリア＝ハンガリー帝国の全継承地からの通報』。グレルマンは、「ウィーンで刊行されている『通報（＝アンツァイゲン）』」の意で『ヴィーナー・アンツァイゲン』と呼んだ）で、啓蒙主義の精神にたってハンガリーの地理、政治、経済、文化、学校制度、自然科学や通貨制度など、広範な諸問題について論考を発表した。その一七七五年と一七七六年の各号に、ハンガリーのジプシーにかんする長大な調査報告書が連載されていた。グレルマンは、その「序」でジプシーの民族誌にかんする「唯一の先行研究」としてこの記事に言及して、これを広く活用したのである。当時のハンガリー王国は、ハプスブルク帝国の一部をなし、その版図内には今日のハンガリーに加えて、スロヴァキア、トランシルヴァニア、クロアチアなどが含まれていて、報告書ではスロヴァキアを中心としてこうした各地のジプシーの暮らしぶりが詳しく紹介されていた。無署名だったが、連載の最終回の末尾に記された簡単なイニシアルとその他の状況証拠から、その著者がサムエル・アウグスティニ・アブ・ホルティスというハンガリー人のルター派牧師であったことが判明している。ただし、アブ・ホルティスが自らの調査にもとづいてこれを書いたのか、別人の調査結果をまとめたのかは不明である。

二段組みの『アンツァイゲン』誌の一三一ページを費やして連載されたこの長大な報告書をグ

レルマンの記述と詳細に比較対照した研究によれば、グレルマンはこの報告書に一〇三回以上言及し、とくに民族誌に関連しては九七回も言及し、この部分の記述の七五パーセントをこの報告書からの——ときには一言一句そのままの——引用で埋めていた。

これ以外では、時に応じてトランシルヴァニア、ワラキア、モルドヴァ、バナート、そして「トルコ」にかんする断片的な資料が使われた。西ヨーロッパについては、スペイン関係の二、三の資料（いずれも旅行記である）が反復して使用されただけで、イギリス、フランス、ドイツ、オランダ、イタリア関連の資料は、初期の歴史的諸問題に関係するものを除いて、民族誌にかんしてはほとんど使われていなかった。

つまり、グレルマンは、ヨーロッパに普遍的な「ジプシー民族」の民族誌を描き出すと称しながらも、実際にはもっぱら当時のハンガリーの（それもその一地方の）ジプシーのそれについて語ったにすぎなかったのである。当時のハンガリーには歴史的背景を異にするさまざまなジプシー集団が存在したが、グレルマンはこうした多様性をも顧みることなく、主として『アンツァイゲン』に拠りながら、まずハンガリーにおいて無造作に「ジプシー」という「一つの民族」を見出して、その民族誌をヨーロッパ全域に普遍的な「ジプシー民族」のそれとして説いた。この過程で、ドイツはもとより、イギリス、フランス、イタリア、オランダ、スペインなどの西ヨーロッパ各地のジプシーがこうした民族誌を実際に共通にしているかどうかは検討されなかった。このようにして彼は、どこに住んでいてもジプシーはジプシーであるとして、現実には存在しない汎ヨーロッパ的な「ジプシー民族」を創造したのである。

第二に、グレルマンは、ジプシーの起源を解明するという優れて歴史学的な課題に、もっぱら言語学の観点からアプローチした。その際、第一部で展開された民族誌的事実が補足的に援用されたが、歴史学や歴史地理学、あるいはいまだ揺籃期にあったとはいえすでにさまざまに議論されていた民族学や人類学などの諸科学が参照されることはなかった。

しかも、言語学的比較に拠ったグレルマンの議論それ自体に、すでにいくつかの重要な問題があった。

まずは、インド起源説の出発点となったとしてグレルマンが引用したヴァーリの逸話である。およそ逸話なるものの多くがそうであるように、その信憑性はかなり疑わしい。問題の記事（原文はラテン語）は、一七六三年にセーケイがネーメティから聞いたという話を、一七七六年にゲオルク・プライという名のオーストリアの学者が『アンツァイゲン』誌に投稿したもので（プライは、ジプシーのタタール起源論者だったという）、したがって話は、ヴァーリからネーメティ、ネーメティからセーケイ、そしてセーケイからプライへと三人の手を経て、しかも実際の出来事があってから少なくとも一三年以上経過したのちに『アンツァイゲン』に掲載されたことになる。ヴァーリが作成したという「一〇〇〇語の語彙リスト」は伝えられていない。後世の調査によれば、当時のライデン大学の学籍簿にヴァーリなる人物は見あたらず（ユトレヒト大学の同時代の学籍簿に似た名前があったという）、学籍簿にあった三人の留学生はマラバルではなく、セイロン島の出身で、しかもオランダ人入植者の子弟であった。

次に、グレルマンは、自分の使ったジプシー語にかんする資料がおもにゲッティンゲン大学の師ビュットナーから提供されたことを序文において断わっている。しかし、そのジプシー語のサンプルが、いつ、どこで、どのようなジプシー集団から、誰によって、どのような方法で収集されたのかについてはひと言も説明していない。しかも、第一部でその民族誌が詳細に明らかにされた「ジプシー民族」――じつはハンガリーの一地方のジプシー集団だった――が、実際にどの程度までこの言葉を使っているのかもいっさい検討しなかった。ましてや、西ヨーロッパ諸国の他の「ジプシー」集団の言語状況が検討されることはなかった。

同じことは、彼のいう「ヒンドスタン語」についてもいえた。情報源や、採取の場所、時代、方法などは何も示されていなかった。彼のいう「シュードラ」の実際の言語状況さえまったく検討されなかった。グレルマン自身、インドの言語の多様性・複雑性を認めているが、それでも「それは、ヒンドスタンの全域において基本的に同一である」として、詳細には立ち入らなかった。

しかも、両言語の比較は、当時の言語学の水準からしてもきわめて粗雑であった。一応、名詞、形容詞、動詞、数詞などに分類した語彙の比較と、性数の別や屈折、活用などのいくつかの文法的事項の比較があるが、それらはごく表面的、形式的で、当時の言語学においてすでに進行しつつあった語源学的、音韻学的、文法論的な立ち入った分析はまったくなされなかった。つまり素人による単純な外形的比較の域を出なかったのである。こうしたごく表面的、形式的な「分析」

にもとづいて彼は、「平均してジプシー語の三分の一はヒンドスタン語と同じである、あるいは、ジプシー語三〇語につき一一語もしくは一二語はヒンドスタン語であり、この一致は尋常ならざる大きさである」と結論したのである。

直後に出た書評の多くは、民族誌の部分には賞賛を惜しまなかったが、彼の言語学的分析にはきわめて批判的だった。たとえば、グレルマンに先駆けてジプシーのインド起源を論証したとされるリュディガー（後述）は、グレルマンの掲げた語彙リストについて、「これほどでたらめに集められていなかったならば、もっとはっきりした類似性が明らかになっていたはずである」と酷評した。

結局、グレルマンは、実際にはハンガリーの一地方で報告されたジプシー集団の民族誌的諸特徴を無媒介的に一般化して「ジプシー」という「民族」について語ったうえで、彼らすべてが同じ言葉を使うとアプリオリに前提して、その言葉が一見してインドの言葉と類似していたことから、ジプシーとはインド起源の放浪の民族であると結論したのである。限定的な証拠にもとづいて普遍的な「ジプシー民族」を創造し、皮相な言語学的比較にもとづいて「インド」というその原郷を想像した、というべきであろう。

三　ジプシー論の支配的パラダイム

だが、同時代人はグレルマンの結論を一大発見として受け入れた。それどころか、彼の議論はジプシー論の確固不動のパラダイムとなって、一九七〇年代に至るまでのほぼ二〇〇年間、ほとんどすべてのジプシー論がこのパラダイムの枠内で展開されることになった。そこで、グレルマンの議論がこのように広く受け入れられた背景について検討しておかなければならない。

まず、一八世紀後半までにジプシー語の語彙サンプルの蓄積がある程度進んでいたという事実がある。その結果、この頃までに各方面からジプシーの言葉がインドの言葉に似ていることが指摘されるようになっていた。グレルマンの議論が受け入れられる素地がすでに形成されていたのである。

ジプシーが独自の言葉を使うことが報告されるようになったのは、一六世紀半ば以降のことである。上述のように、初期の目撃証言は彼らの使う言葉については特段のことは何も伝えていなかった。むしろ、占いや盗みにかんする記述は、彼らがごく普通に民衆と話を交わしていたことを示唆していた。独特の言葉を使う集団がいたことは、アヴェンティヌスの『バイエルン年代記』が一四三九年の項で指摘しているが、この年代記が書かれたのは一五二二年であり、しかもそこで指摘されている「ヴェンド語」とはドイツ東部で話されていたスラヴ語の一種だった。ミュンスター（著書は一五四四年に出ている）もまた、彼らが特別の言葉を使っていることを観察したが、彼はこれを周辺社会にたいして会話内容を隠すために盗賊集団が使った人工的な隠語「ロートヴェルシュ」であるとした。

ヨーロッパ諸語とはまったく異なる彼ら独自の言葉を最初に記録したのは、イギリスのアンドリュー・ボードである。一五四七年に出版されたその著『知識を紹介する最初の書』の第三八章「エジプト、その貨幣と言葉」で「エジプト語」として紹介されたこれらの言葉が、じつはジプシー語であることが判明したのは一八七四年になってからのことであった。そこには、「おはよう」から「おやすみ」にいたる一三個のジプシー語のフレーズが英語の対訳つきで紹介されていた。採取地については、ボードが称するようにエジプト現地ではなく、サセックスのどこかのビール酒屋と推定されているが、正確な場所はわからない。フランスで採取されたのではないかとする説もある。いずれにせよこの資料は、このころにはすでにヨーロッパの中心部にジプシー語を使う人間集団が存在したことを証明している。

次に古いのは、一五九七年に刊行されたライデン大学教授ボナヴェントゥレ・ヴルカニウスの著書にある七一語のジプシー語＝ラテン語対訳表である。このリストを作成した同僚のジョセフ・スカリガーは、語彙の多くをやはり酒場で集めたらしい。オランダの判事ヤン・ヴァン・エウスム（一五七〇年没）が、おそらくは囚人から採集した五三語のジプシー語を紹介したことも知られていた（ただし、公刊されたのは一九〇〇年である）。

コラム：ボードが採取したジプシー語

Lach ittur ydyues!　おはよう！
Cater myla barforas?　次の町までどれだけあるかね？
Maysta ves barforas.　その町で歓迎されるよ。
Mole pis lauena?　ワインを飲むかい？
A vauatosa.　一緒に行こう。
Hyste len pee.　座って、飲みな。
Pe, pe, deue lasse!　乾杯、乾杯、神様のために！
Achae, da mai manor la veue!　ねえさん、パンとワインをおくれ！
Da mai masse!　肉をおくれ！
Achae, a wordey tusse!　ねえさん、ここへ来て、話を聞いて！
Da mai paba la ambrell!　リンゴとナシをおくれ！
Iche misto!　よいことがありますように！
Lachira tut!　おやすみ！

ジプシーのユダヤ人起源説を唱えたヴァーゲンザイルが、ジプシー語とヘブライ語の類似性を指摘していたことも知られていた（一六九七年）。

一八世紀に入って、スウェーデン人のビヨルクマンが、監獄で知り合ったジプシーの通訳から得たジプシー語四七語を、ウプサラ大学に提出した博士論文に収録した（一七三〇年）。ほぼ同じ頃、フランスのマルトゥラン・ラクローズという人が、プロイセン滞在中にシュパンダウの監獄で何人かのジプシーを尋問した機会に、一一一語のジプシー語＝ラテン語辞書を作成、友人のシャル・エティエンヌ・ジョルダンがその著書で紹介した（一七四一年）。一七七〇年から一七八〇年にかけてフィンランドの牧師クリストフリド・ガナンデルが、その回想記にジプシー語の一五〇個以上の語彙と五〇個の短い語句を収録したことも知られていた。

以上のように、一六世紀から一八世紀までのあいだに、ジプシー語の断片がすでに収集、蓄積、紹介されていた。この過程で、ジプシーの言葉とインド諸語との類似性が一部で指摘されるようになっていたらしい。先のヴァーリの逸話もこうした流れのなかで登場したのだろう。とくに、グレルマンの師の一人であるゲッティンゲン大学の博物学者クリスティアン・ビュットナーは、かねてからジプシーの言葉に興味があっていろいろ関連資料を収集し、一七七一年頃までにインド諸語との類似性に気づいていたという。独学で該博な知識を蓄積した彼は、研究結果を著書や論文にまとめるのが苦手だったとされ、このためもあって、収集した資料を弟子のグレルマンにまるごと委ねた（上述のリュディガーにも提供された）。グレルマンがジプシー語とインド諸語の類似性に注目したのも当然の成り行きだったと考えてよい。

しかも、使われている言語にもとづいて「民族」の起源を探るというのは、グレルマンの生きた一八世紀ドイツ啓蒙主義の時代に一般的な発想だった。「人種」や「民族」という概念が形成されたのも一八世紀のことで、両者の区別は曖昧だったが、いずれの場合も固有の本質を備えたきわめて実体的・不変的な存在と理解された。とくに一八世紀のドイツでは、哲学者ヘルダーの唱えた「民族精神」なるものが「民族」概念の中心に据えられ、その核心をなすのが言語であるとされた。こうして、言語を手掛かりとして、何か固有の本質を備えた実体的・不変的な存在としてのさまざまな民族の起源の探究が始まった。グレルマンはこうした知的環境の真っただ中にいた。人類学の古典の一つとされる『人種の自然起源』を著わしたヨーゼフ・ブルーメンバッハはゲッティンゲン大学における同僚であったし、ヘルダーは岳父の友人で、グレルマンの結婚式で仲人役を務めたと伝えられる。

こうした時代的背景のもとで、じつは、グレルマンの著書が出る直前に、言語の比較に基づいてジプシーのインド起源を指摘した説が、イギリスの記述神話学者ヤーコブ・ブライアントとハレ大学教授の言語学者ヨーハン・リュディガーによってそれぞれ別個に提起されていた。

ブライアントの研究は、一七七〇年代の末頃までに一応まとめられていたらしい。しかしその存在は周囲が知っていただけで、グレルマンの著書が出たあとの一七八五年にロンドン骨董協会の年次総会の席で友人によって報告されてはじめて世の知るところとなった。その語彙リストを検討したイギリスの言語学者サンプソン（ジプシー民俗協会の中心人物でもあった）によれば、それらは、さまざまな状況証拠から、一七七六年八月一二日に皇太子の誕生を祝ってウィンザーで開催された大規模な祝祭市の際に採取されたと考えられ、したがってブライアントがジプシーのインド起源を知ったのはグレルマンに先立つこと数年になるという。

一方、リュディガーの研究は一七八二年に論文集の一部として公刊されていて、グレルマンも読んで知っていた（しかし、功を一人占めするために意図的に黙殺したらしい）。リュディガーもまた、同じ知的環境のもとにあって、民族の起源の探求において言語を決定的に重視した研究者の一人だった。「……民族に固有の特徴としては、言語ほど信頼できて、長く維持され、枢要で、変化しないものはほかにない。外見や行動様式、習慣などは、気候や文化、あるいは他民族との混交などによって変化するが、こうした変化の真っただ中にあっても言語は、もっとも極端な野蛮から最高度の文明にいたるどこにおいても区別が可能である。それは、同化が進行した場合でさえ消滅することはめったになく、その場合でさえ、厳しい抑圧にも抵抗できる明確な痕跡を残す」。こうして彼は、ビュットナーから提供された資料も含めてジプシー語のサンプルを言語学的に厳密に分析したうえで、生活様式や慣習、伝統などの社会的諸特徴をも考慮しつつ、ジプシーの原郷はインドであると結論した。

リュディガーにもジプシーにたいするさまざまな誤解と偏見があったが、それでも、グレルマンとは異なって、彼らをありのままに異民族として受け入れ、差別と抑圧の態度を改めるよう社会に求める主張があった。彼は、異邦人にも支配的社会のそれとは異なる内的に首尾一貫した一連の法と習慣があって、それに従って暮らす権利があると考えていたとされる。

以上にくわえて、一八世紀後半にインド・ヨーロッパ語族の存在が「発見」されて、インド学と比較言語学にたいする関心が急速に高まっていたという歴史的状況があった。東インド会社のサー・ウィリアム・ジョーンズが、カルカッタの王立アジア協会において、インドの古典語であるサンスクリット語とラテン語、ギリシア語、そしてゲルマン諸語の歴史的同族関係を立証した記念碑的なエッセイを読み上げたのは一七八六年のことであった。

こうして、グレルマンの説が抵抗なく受け入れられる社会的な環境が整っていた。上述のように「第一発見者」としての位置には疑問があるとしても、「さまざまな糸を一本に結びあわせた」(フレーザー)彼の著書がジプシーのインド起源説の普及に決定的な役割を果たしたことは明らかである。初版が一七八三年にドイツで出版されたあと、一七八七年には増補第二版が出て、同じ年に英語版とフランス語版が出た。一七九一年にはオランダ語にも訳された。二回目の英語版が一八〇七年に、そして二度目のフランス語版が一八一〇年に出版されている。一方、リュディガーやブライアントの業績は図書館の書庫で眠ったままだった。

一九世紀の言語学の発展がグレルマンの議論の不備を補った。ヨーロッパ各地のジプシー語サンプルの蓄積が進み、ジプシー語とインド諸語の精緻な比較が可能となって、現在では、ジプシー語すなわちロマニ語がインド起源の言葉であることは、語彙・音韻・文法などの言語学的比較のための基本的な要素のすべての側面においてほぼ確実に証明されている。ドイツの言語学者アウグスト・ポットの研究（一八八四－八五年）やオーストリアの言語学者フランツ・ミクロジヒの研究（一八七二－一八八一年）が今でもその頂点をなすといわれている。

しかも、これら一九世紀の言語学的諸研究もまた、一八世紀言語学の影響のもとに、「言語＝民族」という前提に立って、ジプシー語の研究を通じてジプシーの原郷と移動の経路を正確に特定することをその基本的な目的としていた。言語学的研究であるにもかかわらず、ポットの「不朽の名著」は『ヨーロッパとアジアのジプシー』と題され、ミクロジヒのそれは『ヨーロッパのジプシーの方言と移動』となっていて、ジプシーの言葉だけではなく、ジプシーそのものに主たる関心があったことを示唆していた。つまり、彼らもまた、グレルマンやリュディガーと同じように、言語学によって特定の言語の話者の歴史も解けると考えたのである。

ジプシーの言語にかんする一九世紀のもう一つの記念碑的研究とされるアレクサンデル・パスパティ『ジプシーの研究』（一八七〇年）の前提も、「ジプシー種族の真の歴史の研究は彼らの言語の研究にある」ということにあった。こうして彼は、ジプシー語における各地域の言語からの多数の借用語の存在はジプシー集団の移動経路を示し、借用語の多寡はその地域に彼らが滞在した期間の長短を示す、と主張した。

こうして、一八世紀後半にグレルマンらによって唱えられた言語学的探求を基礎としたジプシーのインド起源説は、一九世紀の比較言語学の発展によって支えられて、今や不動の「定説」

としての地位を獲得した。

四　言語学的起源論の限界

だが、「言語＝民族」ではないことはいうまでもない。英語を使う「民族」の歴史が英語の歴史と重ならないことは誰の目にも明らかであろう。基本的に英語を母語とするアメリカ人のほとんどがヨーロッパやアフリカ、アジアの出あることはせいぜい数世代も前にさかのぼれば直ちにわかることである。「さまざまな形の英語が世界各地で使われている。……しかし、このことを根拠として、真正の、あるいはクレオール語またはピジン語化した英語の各地の話者たちがすべて、一五世紀にユトランド半島から来た移民の子孫であるなどとは誰も主張しようとしないだろう」（オークリーが引用する言語学者エドマンド・リーチの言葉）。「言語＝民族」という一八世紀的発想そのものに落とし穴があったことは早くから指摘されていた。たとえば西ヨーロッパにおけるジプシーの初期の移動について丹念に史実の発掘を試みたフランスのジプシー研究の先駆者の一人バタイヤールは、一九世紀の半ば頃にすでに、「ジプシー語のインド起源の発見がジプシーの起源の発見を妨げてきた」としたあるインド学者の指摘を引用して、当時のジプシー研究の一般的傾向に警告を発していた。その結果としてジプシーの起源にかんする民族誌学的、歴史学的その他の研究がおろそかにされてきたのではないか、という趣旨である。事実、世界各地の各種ジプシー語方言の話者集団そのものについて、その「インド起源」を論証した語るにたる研究は今日にいたるも皆無であるといって過言ではない。

言語学的起源論そのものについては、さらに二つの基本的な問題が指摘されなければならない。第一に、最新の研究によっても、ジプシー語がどの地域のインド語からいつの時代に分岐したのかについて、今にいたるも確定されていないことである。場所については、シンド語などの北西語起源説からダルド語起源説、パンジャブ語やラジャスタン語などの中央語群起源説まで、時代については紀元前三、四世紀から西暦一〇〇〇年前後まで、諸説は分かれる。インドの外で、インド語の要素に他の言語の要素が加わって形成されたとする議論さえ存在する。

第二に、インド諸語から分岐した「原ジプシー語」というものが存在したとして、その話者がどのような人間集団で、いつ、どこから、どのような理由でインドを離れたかについても確かなことは何ひとつ解明されていないことである。たとえば、話者集団については、グレルマンのシュードラ説はともかく、砂漠の遊動民集団説から山岳民族説、戦争で捕虜となり奴隷として連行された大都市住民説から諸民族混成の戦士集団説まで、原郷についてはヒンドゥークシの山岳地帯からラジャスタンの砂漠地帯、インダス川流域あるいはガンジス川流域まで、インド出立の時期については、四世紀もの幅をもたせて「西暦二五〇年から六五〇年」とする主張があるかと思えば、特定の「史実」にもとづいて「一〇一八年一二月二〇日」とピンポイントで特定してくれる議論まである。ちなみに元祖グレルマンは一四〇八年から一四〇九年とした。

つまり、ジプシーの原郷をインドとする言語学的起源論それ自体が、いまだ諸説入り乱れてのまったくの仮説の域にとどまっていて、その核心部分についてさえ誰も確かな根拠を示すことができず、各人の思い入れに従ってもっぱら推測または憶測にもとづいて議論されているにすぎないのである。

この事実は、原郷の探求とはそもそも言語学の射程を超える問題であって、言語学だけではジプシーの起源の問題が解きえないことを物語っている。現代のジプシー論者の多くも、いちおう、「言語＝民族」という一八世紀的発想の誤りないし限界は認めないわけではない。それでも、多くの人が「ジプシー語のインド起源」から「ジプシーのインド起源」へと飛躍することの誘惑を断ち切れないようである。「ジプシーの謎」に魅せられたロマンティシズムのなせる業だろうか。

そもそもグレルマンは、ドイツ法制史を専門とし、ゲッティンゲン大学でのポストは歴史学教授であり、晩年にモスクワ大学に招聘されたときのポストも歴史学・統計学教授であった（赴任直後にここで急逝している）。なぜか「言語学者」という肩書が内外で流布されているが、彼が言語学や民族誌学を専門的に研究したことは一度もなかった。ジプシーに関する著作もこれ一冊だけである。しかも、グレルマンが資料の収集に着手して本格的にジプシーに関する研究を始めたのは一七八一年一二月頃のことだったらしい。それからわずか二年たらずで『ジプシー論』は完成したことになる。そのようなグレルマンによる、しかも二〇〇年も昔の議論が、とりわけ巷間において、しかし一部アカデミズム世界においても、今日にいたるまで確固不動の学問的「定説」

として受け入れられているわけである。グレルマンの議論がまさに「真理」をついていたからか。否、後生がよほど不勉強だったからである。

第五章　「高貴なる野蛮人」：ロマン主義のジプシー

一九世紀のロマン主義の時代、新しいジプシー像が登場した――近代的機械制大工業の時代にその傍らでこれに抗して牧歌的な遊動生活を送る「高貴なる野蛮人」。その彼らが今や絶滅の危機に瀕している。姿を消そうとしている「本物のジプシー」の言語や文化、風俗、習慣、生活様式などにかんする資料を、今のうちに収集し、記録しておかなければならない。こうして、「ジプシー民俗協会」の精力的な活動が始まった。セルバンテス以来の「ジプシー」にたいする憧憬が頂点に達したといってよい。われわれ現代人のジプシー・イメージのなかばはこの時代の産物である。

一　ジョージ・ボロー：「ジプシー民俗の生き字引」

日本ではほとんど知られていない人物だが、一九世紀のイギリスで「ジプシー民俗の生き字引」として名をはせた作家がいた。その名をジョージ・ボロー（一八〇三―八一年）という。

……ジプシーに関心をもつようになったきっかけを問われてロマニライの六人に五人がこう答えた――「ジョージ・ボローの作品を読んで」(ジプシー民俗協会名誉書記ドーラ・イェーツ)。

ロマニライとは、ロマニ語で「ジプシー紳士」の意で、ここでは「ジプシーに魅入られた紳士」すなわちジプシー民俗協会の会員たちを指す(ボローがその作品のタイトルに使って広く普及した)。このように回想されるほど、ボローの一連の作品はジプシーにたいする人々の関心を高めた。もとより、イギリスでは一六世紀初めからジプシーの存在は知られていて、無数の詩や小説、芝居などにさまざまな役割で登場してきた。シェークスピアのいくつかの作品にも彼らの姿がある。しかし、近代のイギリス人はどちらかといえばジプシーを嫌悪した。浮浪者、泥棒、乞食、売春婦というのがもっとも一般的なイメージだったからである。こうしたジプシー観に新しい要素を付け加えたのがボローだった。現代の大都市と大工業の時代に、自然のなかで昔からの伝統を守りながら自由気ままに生きる「高貴なる野蛮人」、その彼らが今、消滅の危機に瀕している――このジプシー像が、抗しがたい機械文明の大波のなかで古き良き時代を懐かしむヴィクトリア朝時代の人びとの心の琴線に触れた。

ジョージ・ボロー。一八〇三年七月五日にイングランド東部ノーフォーク州イーストデレハムに生まれ、一八八一年七月二六日にサフォーク州オールトンで没した。享年七八。父のトーマス・

ボローはナポレオン戦争時代のイギリス陸軍将校で、職務で滞在中に地元の小作農の娘アン・パーフルメントと結婚、ジョージが生まれた。後に「ジプシー作家」ボローの伝記作者たちは、主人公の母にふさわしいイメージを作り出そうとして、アンは旅回りの劇団の女優で（すなわち、ジプシーの出身を思わせる！）、公演でデレハム滞在中に百戦錬磨の陸軍将校の心を射止めたという「秘話」を作り出した。

一家は一八一六年にノーフォーク州ノリッジに落ち着き、ジョージはここで青年期を過ごして、ウェールズ語やスコットランド語、ラテン語などを習得した。語学の才を見込まれて地元の神父からイタリア語、フランス語、スペイン語を習い、ヘブライ語やドイツ語、デンマーク語、さらにはジプシー語にも手を染めた。最終的に「五一種類の言葉を読み、そのうちの二〇種類を話し、四七種類の言葉を翻訳し、少なくとも七六種類の言葉を母語とする人たちと接した」といわれたほど、語学の才に長けていたらしい。

一八二四年に父が死ぬと、「戯曲を、詩を書き、宗教を裏切り、訴えられるのだ。黄金の大海を求めて、この眠ったような退屈な町には、もうこれ以上、強いられてもとどまらない」と友人に書き送って、単身ロンドンに出た。ロンドンでは、ノリッジの教師の紹介でとある小さな出版社に勤めることになった。ここでの仕事から「話の語り方を覚えた」という。翌一八二五年に出した最初の著作『高名なブラッド大佐の生涯と冒険』はそれなりに売れて、その稼ぎで数カ月間（三カ月程度とされる）、イングランドの農村を放浪するという冒険をやることができた。この時の経験が、後の自伝的小説『ラヴェングロ』と『ロマニライ』の核となったとされる。その後、ノリッジの母のもとに帰り、ここで約七年間、名もない翻訳家・作家として過ごしたらしい。この時期については伝記的資料がほとんどなく、そのために「ジプシー作家」として高名になった後年、この間にヨーロッパとアジアの各地を回ってさまざまなジプシー集団と交わったとする「伝説」が生まれた。

一八三三年、語学の才を買われてイギリス海外聖書協会に職を得た。福音主義の立場から「キリストの言葉を人びとのあいだに広める」ことを目的とした民間組織で、世界各地に現地事務所があった。この就職が人生の転機となった。最初はロシアの首都サンクトペテルブルクに派遣され、聖書の満州語翻訳にあたったりした。この時期、プーシキンの長編詩『ジプシー』（一八二七年刊）を読んだとされる。

一八三五年から四〇年にかけて、今度はたびたびイベリア半島に派遣され、ここで聖書の販売と普及にあたった。スペインとポルトガルの各地で仕事に邁進し、この間の一八三七年、『ルカ福音書』をみずからジプシー語に翻訳してもいる。三八年には、聖書の販売活動をめぐってマドリッドで警察といざこざを起こし、数日間、投獄されたこともあった。

三六歳になった一八四〇年、二一歳の娘のいた四三歳の未亡人メアリー・クラークと結婚、オールトンにあった彼女の地所で暮らすことになった（ここが終の住処となる）。いよいよ作家としてのボローの生活が始まる。ノリッジ出奔時の夢が叶おうとしていた。妻メアリーが献身的に彼の仕事を助けた――原稿を清書し、手紙を代筆し、さらには地所からの上りで財政的に。

ジプシーを題材とした最初の著作『ジンカリ：スペインのジプシーの話。彼らの歌と詩の原作コレクションおよび彼らの言葉の詳細な辞書を付す』（一八四一年）はあまり売れなかったようである。出版者のジョン・マリーによれば、四月に七五〇部印刷された初版のうち、六月までに売れたのは三〇〇部程度で、一年たっても売れ行きは芳しくなかった。

「自分自身に、自分の見たことに、自分がつきあった人たちにこだわりたまえ」という友人のスペイン学者の助言を容れて書かれた第二作『スペインで聖書：イベリア半島で聖書を広めようとしたあるイギリス人の旅と冒険と獄中生活』（一八四三年）は大人気を博した。各地で野性的かつ魅力的なジプシーと遭遇する血沸き肉躍る冒険物語だったが、標題にあった「聖書」の文字のおかげで書店では「まじめな」宗教書と同じ棚に置かれて、このことがかえって読者層を広げたという話である。初版は一〇〇〇部印刷され、年内に六版を重ねた。それとともに前作も評価されるようになって、作家としてのジョージ・ボローの名声は確立した。アメリカで海賊版が出るほどだったという。

第三作『ラヴェングロ：学者―ジプシー―聖職者』（一八五一年）は、いかなる事情があったのか判然としないが、難産だったらしい。著者によれば一八四三年にはすでに主要部分が書きあげられ、何度か手を入れて四六年にはほぼ完成して、四八年に出版者に手渡されたが、実際の出版は一八五一年となった。初期の稿では『ラヴェングロ：あるノーフォーク人〔つまり、ボロー自身である」の生活と行動、そして冒険の物語』と題されていたのが、発売直前の一八五〇年一月の広告では『ラヴェングロ：ある自伝』となり、その翌年、今の表題で発行された。こうした経緯は、本書がもともと自伝として執筆され、またそのようなものとして売り出されようとしていたことを示す。初版は三〇〇〇部印刷された。当時のイングランドの農村地帯を背景に誇り高きジプシーの馬商人ペトレングロとの友情を描いた本書で、しばらく陰りの見えたボロー人気はふたたび高揚した。

意図したところを描ききれなかった思いのあったボローは、六年後の一八五七年に続篇を出した。『ロマニライ：「ラヴェングロ」続篇』である。初版は一〇〇〇部印刷され、翌年に七五〇部が増刷された。前作と同様、自伝として読まれ、ボロー崇拝者の間でとくに歓迎された。その後の四〇年間の累計販売部数は七七五〇部に達したという。

一八六二年には、それまでの何度かのウェールズ旅行の印象をまとめた紀行文『野生のウェールズ：人びと、言葉、風景』が出た。これまでの著作とは異なって、本書ではジプシーはただ一カ所で偶然のように登場するだけである。しかし、後述のように、この一カ所のシーンがボローにおける「虚構と真実」の問題をあぶりだす好例となった。

晩年近くの一八七四年になって最後の著作『ロマノ・ラヴォリル：ロマニ語つまりイギリスのジプシーの言葉の本（ジプシーの詩の見本を付す）。および、あるジプシー集団と彼らの住む場所、そしてイングランドのジプシーの生活に関わるさまざまな物事の話』が出た。出版に至った直接のきっかけは、ジプシー専門家としてボローをしのぐ名声を獲得しつつあった後輩のチャールズ・ゴッドフリー・リーランド（一八二四－一九〇三年。その代表作の一つ『ジプシーの魔術と占い』が邦訳されている。木内信敬訳、国文社、一九八六年）が、イギリスのジプシーの言葉にかんする著作を出版しようとしていたことだった。聞き知ったボローは、後れを取っては先達としての沽券にかかわるとでも考えたらしい。急遽、これまでに集めてあったロマニ語関連の資料をとりまとめて印刷に付すことになった。一〇〇〇部しか印刷されなかった（一八八八年に第二版が、一九〇五年に第三版が出た）。評価はさんざんだった。対するリーランドの『イギリスのジプシーとその言語』（一八七三年）は高い評価を得て、彼はこれでジプシー専門家としての地位を確立したとされる。

その後のボローは忘却の淵に沈んで、一八八一年七月二六日にオールトンの山荘でひっそり息を引き取った。しかし、二〇世紀初頭、その一連の作品は再評価されるようになり、一九二三年には全集も刊行されて、イギリス文学史に占める彼の地位はゆるぎないものとなった。

ところで、以上の六作品は、それぞれジャンルは異なる——調査・観察記、体験記、自伝、紀行文、言語学的資料集——が、いずれも自身の観察と体験を基にしているとうたわれた点で共通していた。このことがボローの「ジプシー」に、一方で詩や小説で、他方で学術的な研究書で描きだされるそれとは異なった独特の存在感あるいは現実感を与えた。彼は、それぞれの作品の序文でこのことを言葉巧みに強調した。例えばこうである。

……筆者は、この作品が読者に受け入れられるためのそれなりの資格を有していると自負している。筆者はその人生のごく初期にジプシーと親しく接するようになり、このことが……イベリア半島の彼らとのつきあいを非常に容易にした。ここで述べられていることは、読書の結果ではなく、親しく彼らを観察して知った事実である。……それも、理論を裏付けるために意図的に選び出された言葉の断片ではなく、多大の労苦と困難を経て収集した彼らの言葉の一方言の全体をつうじて（『ジンカリ』序文）。

二　ボローのジプシー像

こうしてボローが描きだしたジプシー像はじつに複雑で、むしろ矛盾に満ち満ちているといったほうがよいかもしれない。しかも、そのほとんどは一五世紀初頭にそれらしき人間集団がヨーロッパに登場して以降さまざまに語られてきたジプシー像の継承で、彼自身の独創といってよいものはごく一部にすぎなかった。

ボローは何よりもグレルマンの忠実な「弟子」であった。違いは、師が古今の文献資料にもとづいて主張したことを、ボローはみずからの体験によるとして主張したことにあった。たとえば、ボローにあってもジプシーはインド起源の放浪民族で、ヨーロッパ各地に住むがすべて同じ一つの民族であった。ただし彼は、イングランドやロシア、スペイン、ハンガリーなどで実際に接した時の経験から、彼らの外観や生活習慣、道徳、言葉などが共通していることを知り、このことから彼らがインド起源の同じ一つの民族であることを確信したのだと主張した。

師と同じく、ボローもまたジプシーにたいする嫌悪と軽蔑を隠さなかった。『ジンカリ』に描きだされたジプシーはグレルマンの描写を彷彿とさせた。彼らは、土地を耕さず、主君に仕えず、どこでもペテン師、詐欺師、泥棒として知られていた。長きにわたって時代遅れの生活様式を維持し、かたくななまでに野蛮な行動にしがみついた。農民からラバや馬を盗んでは遠くの市場で売り払った。それはまるで、村の近辺に群れをなして降りたってはすべてを裸にしてしまう「イナゴの大群」のようだった。「……ジプシーがその足を向ける先のどこでも、その存在は悪であり、呪いであった」。それでも、泥棒としての彼らは大盗賊集団の足元にも及ばない――臆病で、わが身を危険にさらすのを嫌がったからである。気が小さくて犯罪に走れない者だけが、鍛冶として小物を作り、市場で売ろうとする。

ただし、ボローは別の側面も観察していた。アンダルシーアの名だたる闘牛士はだいたいがジプシーの出だった。セビーリャではジプシー女たちが道端で焼いて売る栗が美味だった。コルドバのジプシーは、馬の手入れ師として独特の道具を使って暴れる馬を鎮めながらその後足の無駄毛を巧みに刈り込んでいた。イングランドのワンズワースでは天幕や幌馬車の前で男たちが金属の焼き串を切断したり、洗濯バサミや籠を作ったり、ヤカンその他の銅製品を修理したりと、ありとあらゆる手仕事に忙殺されていた。だが、こうした細かな観察は、彼らの生活ぶりを一般化する段になるとほとんど活かされなかった。これはグレルマンが、ジプシーの職業について延々と述べながらも、最終的には「これは見せかけにすぎない」として、「彼らはもっぱら乞食と泥棒で暮らす」と断じたのと同じだった。

セルバンテスのジプシーも随所に登場する。倍になると請け合ってお金を地中に埋めさせてこれをかすめ取る「地中の偽財宝」のほら話、両替を巧みに利用した詐欺行為、「ある種の効果を切望する」女性に売りつける薬草の話、掌の線を読んで未来を予測する不思議な占い。ジプシーの馬商人は、馬を盗み出しては巧みに擬装して、それを盗まれた当の本人に高く売りつける。すべてセルバンテスのジプシーを想起させる話であった。

その一方で、ジプシー女の純潔と貞節の理想にボローは称賛を惜しまなかった。ジプシー女はあらゆる代償を払っても処女性を守る。その行動が猥雑に見えることがあっても彼女たちは汚れのない肉体を貴重な財産とみなしている。処女のまま結婚する。結婚すれば夫に尽くす。不貞は死をもって罰せられる。ジプシー女が辱められれば、男たちはただちに復讐しなければならない。これは、セルバンテスの『ジプシー娘』のヒロインが、あるいは部族の長老が語る話とそっくりそのまま重なる。

ボローの強調したもう一つのジプシー像――近代的大工業の時代にこれに抗して自然のなかで牧歌的な遊動生活を送る「高貴なる野蛮人」――でさえ、起源はセルバンテスにたどることができた。セルバンテスはジプシーの長老にこう語らせている。「……わしらは野原の、畑の、森の、山の、泉の、そして川の主である。山野はわしらに無料で薪をもたらし、樹木は果実を、ぶどう畑はぶどうを、畑は野菜を、泉は冷たい水を、川は魚を、禁猟地は鳥獣を、大きな岩は涼しい陰を、谷間はさわやかな涼気を、そして洞穴は住処を提供してくれる。……わしらジプシーには名誉を失うという気遣いもなければ、それを高めようという野心にかられて、あくせく思い煩うことも ない。……あの『出世するなら教会か海か宮廷へ』といった古い諺などに囚われることなく、欲しい物すべてを所有している。それというのも、わしらは手にしている物で満足できるからじゃ」（『ジプシー娘』。牛島信明訳）。

では、ボローは何を創造したのか。

……この忘備録で保存しなければ、急速に失われ、まったき忘却に委ねられるにちがいない言葉——その衰退の最後の局面において、不吉なスペインで五年間を費やして多大の労力と危険を顧みず蒐集された言葉（『ジンカリ』）。

つまり、ボローにはジプシーにあって失われてゆくものにたいするかぎりない愛着があった。芸術などは「この手の人間には考えられもしない」と一蹴したグレルマンとは異なって、ボローはジプシーにも独自の詩があると確信し、それを研究すれば彼らの心の奥底に入り込むことができるはずだと考えた。その研究の過程で彼を憂慮させたのは、独特の美しい詩を生み出した彼らの言葉そのものが、そしてそれとともに彼ら自身が、今や消滅しつつあると見えたことだった。スペインのジプシーの言葉はすでに独自の体系を失っていて、今ではかろうじて残ったせいぜい一五〇〇語程度の語彙がスペイン語の文脈のなかで使われているにすぎなかった。イギリスでも彼は、自分の習得したジプシー語がもはや通じない若いジプシーに行き会うことがしばしばだった。自分の言葉で自己を表現する能力の衰退は、ジプシーのアイデンティティが消滅しつつあることの重要な兆候である。彼らの文化と生活様式が消えゆこうとしていた。

実際、ボローには、イギリスやスペインのジプシーたちの生活を律してきた根本的な規範、ジプシーの掟が消滅しようとしているように見えた。ボローによれば、もっとも重要な掟は三つあった。第一に、ゴージョ（ジプシー以外の人間）とは別に、自分たちの仲間だけで暮らし、しかも住宅ではなく、天幕のなかで、移動の生活を送る。第二に、女性はゴージョの男と交わってはならず、結婚まで厳に純潔を守り、結婚後は夫に添いつくす。第三に、集団の仲間内の規律を守り、つねにお互いに助け合う。掟破りは集団から追放される。ところが、ますます厳しく適用される各国の法律に縛られて、あるいは物質的豊かさの誘惑と同化の圧力に負けて、さらにはゴージョとの交婚の拡大によって、こうした掟が厳格に守られなくなり、やがてまったく消滅しようとしている。「スペインでは、もはや野営地の移動は行われなくなり、すでに長いあいだ自分たちの言葉を使うのは一部の者だけで、それゆえに彼らはあと一世代と経たずにスペイン人に吸収されてしまうだろう」（『ジンカリ』）。イギリスでも「ジプシーのジプシーらしさがまったく失われることはなかったが、その本質的な特質は日々見せかけだけのものとなりつつある。したがってあらゆる兆候からして、イギリスのジプシー族は数年にして消滅し、イギリス人の屑のなかに溶け込んでしまうだろう」（『ロマノ・ラヴォリル』）。

こうして、「本物のジプシー」にたいするボローの思い入れは募っていった。彼にとっては、黒い髪と褐色の肌を有し、正しいロマニ語を話し、幌馬車や天幕を使って自然のなかを遊動し、鍛冶や馬商人などの伝統的生業に従事するのが「本物のジプシー」だった。ところがそのようなジプシーはますます希少になり、代わって目につくようになったのは、ジプシー風の、しかしジプシーとはまったく無縁の昔からの土着の浮浪者やならず者の集団であった。彼らは、ジプシーが到着する前からイングランドの農村地帯を荒らしまわっていた盗賊やならず者の子孫であって、後にジプシーに投げつけられることになる乞食とか泥棒とか売春婦といった悪評の多くはこうした悪党たちの行為の結果だった。

ボローの思い描く「本物のジプシー」は、『ラヴェングロ』とその続編『ロマニライ』に登場する主人公（つまり、ボロー自身である）の親友ジャスパー・ペトレングロの一族に体現されていた。ジャスパーは、自由を愛する誇り高き馬商人で、一族とともに幌馬車でイングランドの各地を放浪した。ある場面で、病気になって目が見えなくなっても生きている意味があるかと問われたジャスパーに、ボローはこう答えさせている。「ヒースの原を渡る風がある。それを感じることさえできれば、永遠に生きていたいと思うね」。別の場面で、ボローはジャスパーにロマニチャル（ジプシーの青年）をカッコーにたとえさせた。自分の巣をもたず、評判の芳しからぬ鳥である。ジャスパーは言う。「それでもカッコーは、幸せな生き物で、自然の一部だよ。それがどうして生き方を変えなければならないのかね。どうしてカッコーが地面を駆け回るニワトリに変わらなければいけないのかね」。本物のジプシーはゴージョとの混血を嫌う。ボローはジャスパーの妹アーサラにこう語らせた。「混血や雑種というのは悪い組み合わせよ」。

晩年のボローはこう信じて疑わなかった。「昔からの聖なる黒い人種……つまり本物のジプシーはこうである。家のなかでは絶対に眠らない。教会には絶対に入らない。死の床では子供たちに言いおく――教会の墓地に葬れば呪ってやる」（『ロマノ・ラヴォリル』）。

三　ボローとジプシー

ボローが、一連の著作において、書いてあることのすべては自分自身の直接の観察と体験に基づくと強調したこと、そしてこのことがボローの描くジプシーに独特のリアリティを与えたことは上述のとおりである。だが今日では、ボローのそのような主張を真に受ける人は誰もいない。

紀行文『野生のウェールズ』の序文にはこうある。

これはウェールズとウェールズ人についての本である。読者は、絶景の地だけでなく、大事件のあった場所、あるいは英雄や天才の生地や住処に案内される。……もちろん、文中に間違いや不正確なところもあろう。だが、その数が多いとか重要なところでといったことはないと確信する。丘や小川の名前を間違えたかもしれない、村と村の間の距離を一ファロング〔約二〇〇メートル〕くらい過大あるいは過少に書いたかもしれない。……そのような不正確は私の責任で、これについてはお許しを乞いたいと思う。だが同時に、それを償って余りあるほど多く、ウェールズについての知識を提供することができたはずである。

上述のように、この紀行文にはただ一カ所、ジプシーに触れた場面がある。宿泊を予定していた町まで先を急いでいたボローは、途中、ブラックマウンテンというところで妻子を連れたジプシーが二頭立ての家馬車を操って丘から降りてくるところに出会った。よく見ると、三〇年前にイングランドで放浪の旅をしていた頃に付き合いのあった旧知のジプシー、キャプテン・ボズヴィルだった。ボローが声をかける。

「みんなからロマニライと呼ばれていた男だよ。わかるかい」。

「わからないなんてことがあるものか！」　ボズヴィルが答える。

二人の会話は弾んだ。「確か最後に会ったのはジャスパー・ペトレングロと一緒に旅しているときだったね。いつも君のそばにいたあの若い娘はどうしている？」

「さあ、知らないな。あれからペトレングロに会ったことはあるかい」。

「彼はすっかり偉くなってね、いまでは公爵殿や女王様と親しいっていう話だよ」。「まさか。ところで君はなぜウェールズなんかにいるのかね」。……

こういった調子で、昔の思い出話やボズヴィルがウェールズを旅している理由などが六ページにわたって語られる。別れ際に彼の妻が乞うた。「六ペンスいただけないかしら。飲み物が欲しいの」。ボズヴィルが叱りつける。「それが旧友と別れる時の言葉か。口を慎みなさい」――つまり、「本物のジプシー」は物乞いなどはしないのである。

ところが……。その後のボロー研究は、ブラックマウンテンでのジプシーとの遭遇が実際にあった出来事であることを明らかにした。旅の途上で妻に宛てた手紙に、「ブラックマウンテンのふもとで、二輪馬車に乗った本物のジプシーを見ました。恐るべき連中で、国をあちこち荒らしまわっています」と吐き捨てるような調子で書かれていたのである。また、このキャプテン・ボズヴィルとは、ジプシーの境遇改善に尽力したメソジスト派宣教師ジェームズ・クラッブの著書『ジプシー代理人』第三版(一八三二年)に登場する人物の名前だった。ボローは、旧知どころか、まったく無関係の人物の名前を借用してもってきたのである。

つまり、見聞きした事実をありのままに書いたはずの紀行文においてさえ、見知らぬジプシーとの、それも不快感を伴った遭遇が、旧知の「本物のジプシー」との三〇年ぶりの心温まる再会の場面へと脚色されていたわけである。これを、地名や距離の場合と同じように、たんなる記憶違いとして片づけてしまうことはできまい。

こうしたボローにおける「虚構と事実」の問題は、代表作が「自伝」とされことによって際限もなく広がっていった。作品で語られた「事実」がボローの実像とされて、このことがボローの語る「事実」に一層の信憑性を与えたのである。ここからボローをめぐってさまざまなもっともらしい「神話」が語られるようになった。いわく、子供のころから各地でジプシーと広く接触して友だちを作り、年長者からは可愛がられて、その言葉を完全に習得した。作家としてデビューする前、ノリッジに雌伏していたあいだに、ヨーロッパからアジア、さらにはインドまで旅をして各地でジプシー社会に入り込んで、その生活ぶりや言葉を観察し、調査した。ロマニ語に完璧に通じていたから、各地でジプシー社会に親しく受け入れられて、彼らの暮らしと心の内奥に深く入り込むことができた。ジプシーにたいするその深い理解のゆえに、多くのジプシーから尊敬、さらには崇拝された。等々。子供のころジプシーにさらわれて数年後に叔父に救出されたことがある、と本人から聞いたという聖職者の回想も現れた。「ボローは非ジプシーの環境で養育された正真正銘のジプシーである」ことを「証明した」ジプシー研究者さえいた。

伝記的研究の蓄積が示すところ、ボローのジプシーとの実際の接触はじつはきわめて限定的かつ表面的だったようである。一八一六年にノリッジに落ち着くまで職業軍人の父に従って各地を転々としていたことを考えれば、少年時代にどこかでジプシー集団と親しくなってその言葉を覚える機会があったとはほとんど考えられなかった。「自伝」で重要な役割を演じる「本物のジプシー」ジャスパー・ペトレングロに相当する人物はついに見つからなかった。海外聖書協会の職員としてサンクトペテルブルクに派遣された時、当地でジプシー芸人と接触があったらしいが、この頃の彼の手紙は、当時の彼がイギリスのジプシーの方言を「ほんの少し知っていた」だけだったことを明らかにする。ところが、それから四カ月後には、マドリッドから聖書協会に宛てた報告書で「スペインのジプシーの方言はかなり自由に操れたので、彼らとは容易に話が通じた」と書かれてあった——いつどこで覚えたのだろうか。一八四四年に七カ月間、東ヨーロッパを経由してコンスタンティノープルまで旅をしたことが知られている。この間にハンガリーのジプシーの間で数カ月過ごして、その言葉や風俗を観察したとする研究者がいるが、手紙その他の生活記録の分析はこうした可能性を排除する。ボローはオールトンの妻の地所内にジプシー集団が野営することを認めていた。しかしこうしたジプシーとどのような関係を結んでいたかについては矛盾する証言があってよくわからない。少なくとも、つねに親しく彼らに受入れられていたわけではなかったようである。

では、ボローはどうやってジプシーのことをあれほど詳しく知ったのか——ほかの「ジプシー専門家」とあまり違わなかった。

まず、何人かの情報提供者がいた。なかでもよく知られているのは、ウェスター・ボズウェル（一八一一-一九〇年）という当時としてはきわめてまれな存在だった教養あるジプシーで、古代ジプシー語の研究で名を上げて、一八七五年にはその功績を讃えてヴィクトリア女王名誉勲章を授与されたほどの人物である。孫のシルヴェスター・ゴードン・ボズウェルが口述筆記による『自伝』（一九五五年）で語っているところによれば、ボローはウェスターからジプシーの言葉はもとより、その生活様式や占い、馬の取り引きの仕方など多くのことを教えてもらって、この情報を「自伝」に活用した。ところが、その出所を断らなかったために老ウェスターの怒りを買って、以後、情報提供には代価を要求されるようになったという。

スペインでも有能な情報提供者が何人かいた。とくに、ファン・アントニオ・ベーリーという旅行ガイドが、ジプシーの言葉を集め、詩を収集するボローの作業を献身的に助けた。有料による資料提供だったが、ボローはその作品で彼の助力に謝することはなかった。マドリッドでは、国立図書館の司書やヘブライ語の専門家から並々ならぬ協力を得た。ボローは本人たちから抗議されるまでおおやけにこの事実を認めようとしなかった。

「ここで述べられていることは、読書の結果ではなく、親しく彼らを観察して知った事実である」とは、『ジンカリ』の序文における彼の言葉であった。だが、彼もまた――密かながら――大いに「読書」に頼ったことは、多くのボロー研究が明らかにしている。たとえば、この序文が付せられた当の『ジンカリ』においてさえ、スペインのジプシーに関する情報は、言葉から生活様式、風俗、習慣にいたるまで、そのほとんどが一八一八年に出たある書物からの剽窃であった。ジプシー民俗協会の創立者のひとりで、若いころからボローに心酔していたフランシス・H・グルームが、この書物の存在を知って、憤然としてリーランドに宛てて書いた（一八七四年）。「家へ帰ると図書館からブライトの『ハンガリー』が届いていました。……ボローは、ブライトが書き留めたスペイン・ジプシーの言葉を、間違いも含めて全部、一言の断りもなしに、自分の著書にこっそり盗用しています。誰しもがそこに典型的な詐欺師を見出すでしょう。すべての基はブライトでした」。

イギリスの医師・医学研究者で腎臓病研究の先駆者として知られるリチャード・ブライト（一七八九－一八五八年）は、一八一四年にウィーン会議が終幕を迎えていたオーストリアを訪問、さらにハンガリー一帯を旅行して、四年後に『ウィーンから下ハンガリーにいたる旅行記。会議中のウィーンの状況にかんする若干の所見を付す』を出した。そこには、ブライト自身が見聞きしたハンガリーのジプシーの言語や生活ぶりに関する詳しい情報に加えて、一八一六年と一七年にスペインに滞在した友人の手稿を基にしたヒターノに関する詳細な報告が付録として収められていた。グルームが憤慨した「ジプシーの言葉」だけでなく、『ジンカリ』で語られたスペインのジプシーに関する話の多くはすでにこのブライトの著作にあった。

イギリスのジプシーにかんするボローの知識もその多くが「読書」から得られた。ここではとくに、シェフィールドに住んだクウェーカー教徒の作家ジョン・ホイランド（一七五〇－一八三一年）の著作『ジプシーの慣習、生活および現状の歴史的調査：この風変りな民族の起源を解明し、彼らの境遇の改善を促進することを目的とする』（一八一六年）に負うところが大きかった。この著作は、ホイランドの所属する教会が実施したジプシー調査の報告書で、彼がそのとりまとめを担当した。彼らの魂の救済と境遇の改善を目的とした教会の事業の一環だった。報告書は、グレルマンの議論に多くを依拠していたが、それまでほとんど知られていなかったイングランドのジプシーの実態を詳細に明らかにしていた。ホイランドの友人によるスコットランドのジプシーの調査結果も添えられていた。

上述のメソジスト派宣教師ジェームズ・クラッブ（一七七四－一八五一年）の著書『ジプシー代理人』（一八三〇年）もボローに大いに参考になった。クラッブの見るところ、イングランドのジプシーはグレルマンの分析とはまったく異なって、泥棒や強盗をやることはなく、もちろん人さらいなどもしない。籐の椅子づくりやはさみ研ぎ、ヤカンの修理、カゴ編み、ネズミ捕り、行商などに朝早くから夜遅くまで大忙しである。商店主から借金をしても必ず期限までに返す。故人をしのぶ心は深く、夫婦間の情愛はこまやかで、子供を非常に大切にする。ただし、女も行商に出て、その間、子供たちは放任されて十分な養育を受けない。女たちがやる手品や占いは庶民のみならず上流階級の人々をも堕落させる。こうした面で彼らを善導する必要があると考えた彼は、サウサンプトン委員会という福音慈善団体を設立して、ジプシーの境遇の改善と魂の救済の活動に乗り出した。ボローはこうした活動を報告した彼の著書を読んで「参考」としたのである。

もちろん、ボロー自身がジプシーのなかに入り込んでみずから情報を収集したこともあった。そのようなとき、彼はなにがしかのお金やタバコなどの小物を用意して情報提供の謝礼とした。スペインでは語彙の収集に三〇〇ポンド費やしたことを彼自身が認めている。これは海外聖書協会からの年俸額を超える大金だった。それでも、ガセネタをつかまされることがあったらしい。

「……ボロー氏は半オンスのおひねりと引き換えにいつも真実を得たとはかぎらなかった。……薪の火を囲んで座ったジプシー家族のもとを彼が辞した後には、その出費に高らかな笑い声が起こることがよくあった」（ボズウェル）。達者なロマニ語のおかげで心から受け入れられて、余人には不可能な生活の内奥に入り込むことができたとする彼の主張は、かなり割り引いて考えなければならないようである。

以上がボローのジプシーにかんする知識のおもな仕入れ先であった。特定の人物から代価を支払って得た情報、先人および同時代人の著書からの借用または剽窃。ボロー自身が強調したような、巧みなロマニ語を操ってはじめて可能となった親密な交友を通じて知りえた彼らの心と生活の内奥といったものはほとんどなかった。

つまり、ボローのジプシー像は、すべて自分自身が観察し経験した真実に基づくという本人の主張にもかかわらず、実際には、「情報提供者」から得た話と「書物」からの受け売りないし剽窃の部分を除けば、あとは基本的に彼の想像力と創造力の産物であったと考えなければならない。この意味でそれは、この時代のさまざまな作家たちによるロマンティックなジプシー像と本質的な違いはなかったことになる。

四　ロマン主義のジプシー像とジプシー研究

ヨーロッパ文学には「ジプシー」をロマンティックに描きだす長い伝統があった。ジプシー民俗協会の中心人物の一人でもあったイギリスのジプシー研究家ジョン・サンプソン（一八六二－一九三一年）に、ヨーロッパ文学の古今の名作からジプシーないしジプシー風の人物の登場するシーンを集めたアンソロジー『ヒースの原を渡る風』という作品がある（一九三〇年。このタイトルは、ボローが「本物のジプシー」ジャスパーに語らせた上述の一句による）。そこには、ローマ時代の詩人からボローにいたる百数十名の名だたる作家たちの有名な作品から印象的な場面が抜き出されている。その圧倒的多数は、ジプシーであれジプシー風の登場人物であれ、美しい自然のなかでの彼らの素朴な生活や、権力や社会の掟にとらわれない自由な生き方、恋や愛への没入、自由や正義への献身などを、かぎりない羨望、憧憬、賞賛の念をもって歌う。

こうした伝統を背景にして一九世紀にはいくつかの典型的なロマン主義のジプシー像が成立した。ゲーテの『ゲッツ・フォン・ベルリヒンゲン』に登場するジプシーの頭領、プーシキンのゼムフィーラ、ユゴーのエスメラルダ、そしてメリメ＝ビゼーのカルメンなど。数え上げればきりがない。一七世紀初めにさかのぼるセルバンテスのプレシオーサはその源流の一つとされる。

こうした作品で「ジプシー」として登場する人物には、主流社会の周縁に暮らすよそ者集団という暗黙の了解を除いて（この了解が重要だったのである）、共通する決まった特徴といったものは存在しない。彼らは、あるいは彼女らは、盗賊だったり英雄だったり、スパイだったり献身的な兵士だったり、絶世の美女だったりボロをまとった醜女だったり、死を賭しても操を守る乙女だったり恋に生きる自由奔放な女だったり、深い人生の知恵を蓄えた長老だったり軽佻浮薄の陽気な若者だったり、鍛治だったり博労だったり、楽師だったり熊つかいだったり、掌から運勢を読み取る占いだったり魔法使いだったり、乞食だったり泥棒だったりする。肌の色でさえ黒かったり白かったりするのだ（セルバンテスのジプシー娘プレシオーサは「まるで雪と象牙に旋盤加工を施してつくられたかと思わせる白い足」と描写される）。つまり、相互に何の共通項もない多種多様なキャラクターの「ジプシー」が、作家と作品のその時どきの必要に応じて自由に創造され、生命を与えられてきたのである。ヨーロッパ文学にとって「ジプシー」とはそのような存在だった。

ボローもまた、こうしたヨーロッパ文学の伝統につながっていたと考えるべきであろう。すなわち、彼もまたつねに自分自身のイメージに従って、必要なキャラクターのジプシーを自由に想像し、かつ創造したのである。だが、その創作のスタイルがロマン主義のほかの作家たちとは異なっていた。このことが彼のジプシー像に実際の観察と経験に裏打ちされているかのような「リアリティ」を与えた。こうして、ボローの熱心な読者は、その一連の作品の向うに「本物のジプシー」の姿――あるいは、影――を見て、そこに引き込まれていった。ほかのロマン主義の作家たちがもっぱら読者の想像力を膨らませたのに対して、ボローはその好奇心をくすぐったのである。ジプシーのことをもっと知りたい、自分の目で彼らの真実を確かめたい――こうしてジプシー民俗協会が結成され、その精力的な活動が始まった（一八八八年）。

ジプシー民俗協会を結成し、その活動を主導したのは、上述のリーランドやグルーム、サンプソンなど、大学その他の研究機関に所属する職業的研究者ではないという意味でアマチュアの「ジプシー愛好家」たちであった。彼らは、アマチュアといっても、たんなる好事家ないしマニアではなかった。その多くは、ジプシーについてのみならず、民俗学や歴史学、地理学、言語学などの分野について該博な知識を身につけ、財政的にも余裕があって、いわば趣味に徹することのできた行動的な知識人であった。その彼らが、今や絶滅の危機に瀕していると考えられた「本物のジプシー」の、手をこまねいていれば消滅するしかないと危惧された貴重な民俗や言語、民話、風習・習慣などについて広く調査と研究を行い、資料や標本を収集し、その保存に取り組んだ。その成果は、会報『ジプシー民俗協会報』に逐次掲載された。

特徴的だったのは、ジプシー民俗協会が学術機関とは積極的に関係を結ぼうとしなかったことである。一〇年前の一八七八年にはイギリス民俗学会が設立されていたが、リーランドやグルームはこの組織と提携しようとは考えなかった（イギリス民俗学会のほうもジプシーのような社会の周縁的存在にはあまり関心がなかったとされる）。民俗学だけではなく、歴史学や地理学、考古学、人類学などの学会組織とも積極的な関係は追求されなかった。その結果、ジプシー民俗協会のジプシー専門家たちはつねに学問世界の周縁部で活動することになり、独自の発表の場すなわち『ジプシー民俗協会報』を中心とした「同好の士」の閉鎖的なサークル内にとどまり続けた。

彼らによる資料収集の方法にもかねてから問題が指摘されてきた。リーランド自身、こんな経験を記している――意味を教えてくれれば一語につき一シリング与えると約束して、ヒンディ語の辞書からいくつかの言葉を選んで情報提供者に読み聞かせたところ、あまりにも多くの答が返ってきたため、その信憑性に自信がもてなくなった、と。

先の社会人類学者レーフィッシュ（二七頁を参照）にもこんな体験があった。

ある日の夕方、何人かの情報提供者と話をしていて、話題がトラヴェラーの結婚式に及んだ。彼らによれば、特定の儀式はやらないのがふつうだという。若い二人は、自分の天幕またはキャラヴァンをもてば、それで「結婚した」とみなされる。ところが諸文献には……風変りな儀式についての話が繰り返し出てくる。サイモンによれば、ティンカー〔スコットランドの「ジプシー」〕の牧師は、土を入れたボウルに花嫁と花婿のそれぞれのグラスからワインをふりかけて、このボウルを二人に手渡してこう言う——それぞれのワインを分別できないかぎり、君たちはいつまでも一緒でいなければならない、と。私からこの話を聞いた情報提供者たちは大笑いをした。そのなかの老人の一人が言った——それは数年前にわしらの一族の誰かがしてやった話だよ。その老人によれば、結婚の習慣についてよそ者からよく聞かれるが、ありのままに話せばお礼はわずかしか、あるいは何ももらえない。おもしろおかしく話してやればたっぷりはずんでくれる、と。私は、彼らの社会習慣にかんするおもしろい話の多くは、こうしたことの結果であると考える。

ボローが、床の上にばらまかれた「卵の黄身を砂糖でくるんで作ったイェマというお菓子の上で」新郎新婦と招待客の全員が黄身まみれ、砂糖まみれになって踊りまくるなど、「三日三晩続くやりたい放題の猛烈な祝宴」について語っているが（『ジンカリ』）、これも同類の話かもしれない――ボローはこのような結婚式にみずからも招かれて参列したと述べているのだが。

協会の活動は驚異的なまでに息長く続いてきた。『ジプシー民俗協会報』は、第一期＝一八八八－一八九一年、第二期（新シリーズ）＝一九〇七－一九一六年、第三期（第三シリーズ）＝一九二二－一九七三年、第四期（第四シリーズ）＝一九七四－一九八二年、第五期（第五シリーズ）＝一九九一－一九九九年と、中断はありながらも一〇〇年以上も刊行が続き、二〇〇〇年からは『ロマニスタディ』と改称して今日に至っている（この間の一九八九年に協会の本部はアメリカに移った）。この会報は、「いくつかの大陸のジプシーに関するすべてを集めた」（J・ブロック）と評されるほど、その関心領域は広かった。たとえば、その片隅には日本に関する短信さえあった（コラムを参照）。玉石混交の資料の山を前にして慎重な仕分けの作業が要求されるとはいえ、その資料的価値に疑いはない。

ただし、こうした「功」とともに、その強固なアマチュアリズムと、「インド起源の放浪民族」というグレルマン＝ボローのジプシー観をかたくななまでに継承したその姿勢が、ジプシー研究の方向を今日に至るまで決定的に偏らせてきたという「罪」についても、われわれは目を背けてはならないだろう。また、ナチス時代、ジプシーが文字通り絶滅の危機に追いやられようとして

コラム：『ジプシー民俗協会報』から

短信：日本のジプシー

ふつうは、ジプシーのインドからの移動はもっぱら西方に向けてだったと考えられている。以下の書簡——われわれの前会長マクリッチー氏のご親切に負う——は、東方への脱出もありえたことを示唆している。しかし、セイス教授の言及された五つの部族が専門家によって詳しく検討されないかぎり、柳田氏が「ジプシー」という用語をインドで使われているように「放浪者」の同義語として用いているのではないかという疑問が残る。——編集部による注記

マクリッチー殿
日本の指導的民俗学者である柳田〔國男〕氏（東京在住）から日本のジプシーにかんする情報を得ました。彼が私に語ったところ、そのジプシーは独自の言葉をもち、五つの部族に分けられるといいます。すなわち、㈠トブシ、㈡サンカ、㈢オゲ、㈣セブリ、㈤テンバです。　敬具。

A・H・セイス

〔『ジプシー民俗協会報』新シリーズ第七巻（一九一三―一四年）第二部一五七頁〕

いた時にあっても、あたかも古代遺物の珍品でも扱うかのごとくにその詩歌や民話の発掘と紹介を続けた姿勢に、戦後になって批判の声が上がった事実もある。

第六章　世紀末の「ジプシー」大移動

一九世紀後半から第一次世界大戦前夜にかけて、ヨーロッパとアメリカの各地で異様ななりをしたさまざまな遊動民集団が繰り返し目撃された。彼らの動向は、その容姿や服装、暮らしぶりとともに、当時の新聞や雑誌によって絵入り・写真付きで大々的に報じられ、ヨーロッパ社会に強い印象を与えた。ジプシー研究の専門家たちは彼らを「放浪を再開したジプシー」と断じた。その結果、ヨーロッパとアメリカにおいてジプシーとされる人びとの新しい分布構造が形成され、それとともに現在に至るジプシー像も確立された。この事件はまた、ヨーロッパ各国が世紀末から二〇世紀初めにかけてジプシーをはじめとする遊動民の排斥を強めていく契機ともなった。

一　新しい遊動民集団の登場

一八六六年五月二九日、ベルギー国境に近いフランス北部の町モボージュで異様な姿の遊動民の一団が目撃された。その数は六〇人から八〇人、二七台の馬車を連ねて、ハンガリー南部のアグラム伯爵領（現在のクロアチアの首都ザグレブ）から来たと称し、ベルリンのフランス領事館で査証を受けたオーストリア帝国のパスポートを提示した。住民からの通報で駆けつけた地元警察署長が観察結果を書き記している。

彼らは鋳掛け屋と称したが、鍋釜類は一つかふたつしか持たず、それをこれ見よがしに見せびらかした。男たちは、毛皮のコートを着て、巨大な銀の鈴をつけ、髪を背中に垂らし、あごひげは伸ばし放題、両足をハンガリー風のブーツに包み、奇妙な帽子をかぶっていた。女たちは裸足で、長く伸ばした髪を三つ編みにして大小の宝石で飾り立てていた。子どもたちは彫り物をした太いパイプでタバコを吸った。

署長はパリに指示を仰ぎ、その命令で彼らをベルギー領に追い返した。

彼らはロマニ語でカルデラシャあるいはカルデラリと称し（鋳掛け屋の意）、ルーマニア語の影響が深く刻印されたロマニ語方言を使った（ヴラフ系ロマニ語。この言葉を使う集団はヴラフ系ロマと呼ばれることが多い）。

これ以降、こうした異国風の遊動民の集団がヨーロッパ各地で頻繁に目撃され、住民の好奇心を誘った。概略を整理してみれば以下のようになる。

鋳掛け屋集団カルデラシャは、一八六〇年代初めにまずドイツとポーランドで目撃された。

フランスには一八六六年に右に見た最初の集団が現れ、翌年には三〇人から四〇人、ときには一五〇人の集団がドイツまたはイタリアを経由して次々とやってきた。無蓋の四輪馬車を使って各地を移動、大きな天幕を張って宿営した。カルデラシャの一部は一八六八年にイングランドに渡った。同じ年、オランダにも中央ヨーロッパ方面から来た集団が現れた。一八七〇年代に入ってからも彼らはヨーロッパ各地にたびたび姿を見せ、それぞれの集団の規模の大きさと派手な衣装、宿営地の大きな天幕が住民を驚かせた。なかには入場料を取って天幕内部を見物させた集団もあった。同じくロマニ語を使うザル作りの集団チュララも各地で目撃された。

ほぼ同じ頃、ロマニ語ではなくルーマニア語の各種方言を使う別種の遊動民集団が各地で頻繁に目撃された。多かったのは熊つかいを中心とした旅回り興行師の一行で、ウルサリと称した。彼らは一八六七年にまずドイツで、翌六八年にオランダで目撃され、一八七二年以降はフランスでもたびたび報告された。多くはオスマン帝国臣民と申告し、ほとんどすべてがスラヴ系の姓を名乗った。ウルサリは、一般に家族単位の少人数で移動し、カルデラシャ集団ほどは目立たなかった。

一八八六年にはイギリスのリヴァプールに鋳掛け屋や大工、農業労働者などを名乗る雑多な構成の九九名の集団が上陸した。一五張りから二〇張りの天幕に宿営し、ギリシア、オスマン帝国、セルビア、ブルガリア、ルーマニアなどの出身と自称したが、地元社会は彼らを一括して「ギリシア・ジプシー」と呼んだ。その約一〇年後、こんどはバルカン各地のさまざまな言葉をしゃべるウルサリの混成集団がスコットランド南部とイングランド北部で目撃された。

二〇世紀に入って最初の一〇年間、イギリスではヴラフ系ロマの博労集団ロヴァラが目立つようになった。フランスやドイツ、スイスでも同様の集団が報じられた。その数年後、ふたたびカルデラシャの大集団がヨーロッパ各地を移動して、あらためて広く注目を集めた。イギリスでは第一次世界大戦前夜の一九一一年五月から一三年一〇月にかけて、彼らの一行が全国を列車で移動し、各地に巨大な天幕を張って宿営した。その一部はさらに北アメリカへと渡っていった。

同じ頃、フランスやドイツでは、寸劇、サーカス、動物芸などの野外興行をやりながら各地を移動してまわるまったく別種の小さな集団が目撃されるようになっていた。彼らはそれほど異国風ではなく、イタリア北西部のピエモンテ地方から来たと称し、そのために「シンテピエモンテ」と呼ばれた(シンテとは、ドイツとその周辺部に定着していたジプシー集団シンティのイタリアでの呼称)。

一九世紀後半からヨーロッパ各地で目撃されたこれら遊動民の一部はさらにアメリカ大陸にも渡った。ここでの最初の記録は一八八一年にニューヨークに到着したオーストリア・ハンガリー出身のカルデラシャ集団だったとされる。翌八二年にはブルガリアとスペインの国籍を主張するルダー(ルダリ)と呼ばれる集団が来た。彼らは興行師、芸人、動物つかいなどと称し、実際、その多くが飼い馴らした熊や猿を連れていた。ほとんどがオーストリア・ハンガリーあるいはオスマン帝国の国籍を主張し、出生地ないし最後の居住地としてボスニアのいくつかの地名をあげた。セルビアのマチヴァから来たヴラフ系ロマの一行(マチヴァヤ)は、ロマニ語を使ったが、他の集団とは違って農民ないし農業労働者と称した。八三年にはオーストリア・ハンガリーの楽師集団が渡来した。

こうしたさまざまな遊動民集団を、主流社会はすべて「ジプシー」と一括した。その過程で、ジプシー民俗協会に結集したジプシー専門家たちが大きな役割を果たした。上述のように、グレルマンの理論に従ってジプシーをヨーロッパ社会とは異質の「インド起源の放浪民族」と考え、その民俗や生活誌、言語や歴史に注目し、広く資料を収集してきた彼らが、これら新参の人間集団をその宿営地に赴いて詳しく観察して、これは間違いなく「ジプシー」であると太鼓判を押したのである。同時代のフランスのジプシー研究者バタイヤールが証言している。

しかしこれら遊動民は、いつもそうであるが、みずからジプシーであると申告することはかたくなに拒んだ。そしてこの点については、クロフトン氏やマクリッチー氏〔いずれもジプシー民俗協会の中心人物であった〕のようなジプシー研究の専門家たちが実際に彼らのもとを訪問していなかったとすれば、若干の疑問が残っていたにちがいない。

彼らを（本人たちの意に反して）「ジプシー」と断定した主流社会のジプシー研究者たちは、この現象を一五世紀初めのジプシーの最初の出現とのアナロジーで論じた。たとえば、一九一一年から一三年にかけてイギリスに現れたカルデラシャの集団を詳しく観察したイギリスのジプシー研究者ウィンステットである（彼もまたジプシー民俗協会の中心人物の一人であった）。

二〇世紀最初の十数年間は、一五世紀初めの十数年間と同じように、ジプシーの歴史において長く記憶されるべき時代である。……西ヨーロッパが放浪者の大群に席捲されたのは一五世紀の一〇年代のことであった。彼らは、町や国の記録をとっていた各地の年代記編者たちによって最初のジプシーとされた。……一九〇六年に西ヨーロッパはふたたび、放浪を再開したジプシーたちに煩わされることになった。大規模な集団がイングランドを席捲し、同じような集団がフランスやドイツ、スイスの新聞で報じられた。

こうして、欧米各国で「ジプシー」と呼ばれる人間集団の今日にいたる重層的な分布構造が形成された。ヨーロッパでは、ドイツのシンティ、フランスのマヌーシュ、イギリスのロマニチャル、スペインのヒターノなど、以前から定着していた集団に加えて、どの国にも新たに東方から来たさまざまなジプシーが見られるようになった。新旧の各集団は、相互に交流することなく、それぞれが独自の暮らしを送ったが、主流社会からは異同を問われることなく、すべてジプシーと一括され、そのように扱われた。

アメリカ大陸では、一六世紀以降、ヨーロッパ植民地帝国によってジプシーがあるいは犯罪者として流刑され、あるいは労働力として連行されていたが、そのほとんどは植民地世界に同化されて独自の社会を形成するにはいたらなかった。グレルマンはアメリカ大陸を世界で唯一ジプシーの知られていない地域だとした。それが、一九世紀後半以降、大規模な移民の流れとともに大量の「ジプシー」が流入し、分散的ながらも相当規模のジプシー社会が各地に形成された。その数は、合衆国で約一〇〇万人、ブラジルをはじめとするラテンアメリカで約一〇〇万人とされ、小規模ではあるが南アフリカやオーストラリアなどの西欧諸国植民地にもジプシー社会が認められるようになった。

二　実体と起源：「移民の世紀」

この遊動民はそもそもいったい誰だったのか。どこから来たのか。

じつは、ウィンステットら同時代のジプシー研究者たちは、これら遊動民が一五世紀以来ヨーロッパ社会に根付いていたジプシーとは多くの点で異なる人間集団だったことに気づいていた。新参者たちは、何よりも、鋳掛け屋、博労、楽師、熊や猿を使う興行師など、それとはっきりわかる特定の職業集団だった。しかも、長いコートや派手な装飾品、深いブーツなど、一見してハンガリー風やトルコ風の身なりだった。定住地を得ようとはせず、巨大な天幕を携行して野営しながら、顧客を求めてヨーロッパ各国、さらには海を渡ってアメリカ各地を移動して回った。欧州各国語とははっきり異なるヴラフ系ロマニ語という独自の言葉、あるいはルーマニア語の各種方言を使った。姓名もスラヴ系やルーマニア系、ハンガリー系、トルコ系だった。こうした特徴は、これまでのジプシーのそれとは明確に異なっていた。それにもかかわらず、ジプシー民俗協会の専門家たちをはじめとする主流社会は、結局は、異様な風采の遊動民を「ジプシー」とするこれまでに定着していた固定観念に抗しきれなかったようである。

彼らの起源については、一時期、巷間で、また一部アカデミズム世界でも、一九世紀後半に奴隷制から解放されたルーマニアのジプシーが大挙して渡ってきたとする説が提唱されて、ほとんど「定説」となった観があった。奴隷制が廃止されて自由の身となった彼らが、本性のままに放浪を再開したという主張である。しかし、この説は——いまだ広く流布されているとはいえ——今日では実証的にほぼ否定されている。

早くから彼らの原郷の問題を検討していたのは上記のウィンステッドであった。

……言語学的証拠からすれば、彼ら〔カルデラシャ〕はルーマニア語の話されているどこかの国の出身であるが、しかし最近の百年間ないしそれ以前はスラヴ語圏にいたと考えてよい。……明らかにジプシーの一部は遊動民で、遊動のジプシーたちにとっては法律や国境はほとんど意味をもたなかった。しかもルーマニアの奴隷制は慣習的制度だったにすぎず、一八一六年までは法律ではなかった。慣習は法律よりも回避が簡単である。

彼は、一九世紀後半にドイツにやってきた熊つかい集団ルダリについても、ドイツ警察の記録を精査してその出生地を調べ、ほとんどがセルビアやボスニア、あるいはブルガリアの出身であることを突き止めていた。

一九七〇年代以降の新しいジプシー研究の結果も、この「ルーマニア解放奴隷起源説」を否定する。

バルカン半島では、すでに一九世紀はじめからワラキアとモルドヴァの両公国からドナウ川を越えてセルビアへと向かう多数の「ジプシー」が報告されていた。フランスやイタリアでも、「ハンガリー人」や「銅細工師」と呼ばれた集団の流入が一九世紀はじめ頃から確認されていた。つまり、彼らの移動は、ルーマニアで奴隷制が廃止された一九世紀後半に突然始まったわけではなかったのである。

しかも、二〇世紀はじめにイギリスに現れたカルデラシャ集団は、その多くが出身地としてロシアやガリツィア、ルテニア、ハンガリーなどをあげていて、ルーマニアとするものはほとんどいなかった。一八六八年から七八年にかけてオランダに現れたカルデラシャの出生地にかんする実証的調査の結果も、彼らがハンガリーの生まれであったことを明らかにしていた。ドイツにかんする限定的なデータは彼らがセルビアの出であることを示していた。アメリカ移民にかんする出入国管理の資料を詳しく調べた研究によれば、生年を一八二七年から一八六五年と申告した三〇〇名あまりのカルデラシャやルダリのうち、ワラキアないしモルドヴァを出生地としたものは一人もいなかった。

くわえて、カルデラシャやロヴァラ、チュラなどのヴラフ系ロマ集団はルーマニア語の影響の強いロマニ語を話したが、そこにはさまざまな程度でハンガリー語の要素が広く浸透していた。ロマニ語を使わなかったルダリ集団の話すルーマニア語にはセルボ・クロアチア語の影響が強かった。しかも一九世紀までルーマニア語は両公国の周辺地域でも広く使われていたのである。

ルーマニアのジプシー奴隷制廃止のプロセスも、その結果として一挙的な大量流出が生じた可能性を否定していた。奴隷制の廃止は一八世紀末から一九世紀後半にまたがる長いプロセスの結果であって、一八五五年（モルドヴァ）と五六年（ワラキア）の最終的な解放（奴隷制の正式廃止は一八六四年）にいたるまでのあいだ、さみだれ式に周辺地域へのジプシーの流出が続いていた。しかも解放奴隷の多くは、もとから住んでいた地域でかつての領主や農民の土地で働く農業労働者となり、ルーマニア人農民と急速に同化していった。したがってその一部が実際に奴隷制廃止を機に周辺諸国へと流出し、やがて「大移民」の流れに乗って西ヨーロッパに向かったとしても、その数はそれほど多かったとは考えられなかった。

実際、各地で目撃されたこれら遊動民集団の数は巷間で言われているほど多くなかった。カルデラシャは、家族集団の平均規模が非常に大きく（一家族あたり男女と子どもをあわせて四〇人前後）、このために当局者や一般住民からことのほか注目されたが、一八六〇年以降にハンガリーをあとにしたのは全部でせいぜい数千人程度だったと考えられるという。オランダでの集計結果によれば、一八六八年から一九三〇年までにここで記録されたカルデラシャ集団は一三九七名、ウルサリは七七九名にすぎなかった。

最近の研究は、そもそもこれら遊動民集団をすべて「ジプシー」と一括することができたのかについても疑問を呈している。「ここで検討してきたボスニア出身の熊つかい集団とハンガリー出身の銅細工師集団が、相互に何か関係があると考えていた証拠はない。これ以上に疑わしいのは、西ヨーロッパに住む〔ジプシー〕集団とのあいだに何世紀も前から〔同一民族としての〕結びつきがあったとする想定である」（ルカッセンとヴィレムス）。

結局、「放浪を再開した」ジプシーの大規模な進出とされた一九世紀末の出来事は、実際にはハンガリーやバルカン地方にいた鋳掛屋集団や、ザルつくり、博労、興行師などのさまざまな遊動民集団の西ヨーロッパへの移動――それも、伝えられるほど大規模ではなく、むしろ散発的な移動――だったようである。それが、移動する個々の集団の規模の大きさとその異様な風采が目立って、くわえて当時のマスメディアが大々的に報じたこともあって、グレルマンの色眼鏡を通してすべて一括して「ジプシー」とされることになったのである。このグレルマン流の色眼鏡を外して眺めてみれば、じつは彼らは、この時代のヨーロッパ全域においてきわめて一般的だった広範な移民／流民の流れの一部だったと考えられる。

一九世紀のヨーロッパは「移民の世紀」として知られている。ナポレオン戦争後のヨーロッパ全域における資本主義経済の全面的な展開は、都市大工業の発展、商品作物への大規模な転換や農村工業の崩壊といった農村経済の変質、舗装道路網や鉄道網の拡大と大西洋航路への汽船就航に象徴される交通手段の飛躍的発展などをもたらした。それは、世紀中葉のジャガイモの大凶作や伝染病によるブドウ栽培の壊滅的打撃によって深刻化した農業危機ともあいまって、ヨーロッパ大陸の全体において大量の移民／流民を生み出した。

何百万という人たちが、新しい生活手段を求めて、農村地域から大工業都市へ、ヨーロッパの東部や南部の農業地域から北西部の工業地帯へ、さらには経済発展のいちじるしいアメリカ大陸へと、単身で、あるいは家族を伴って、ときには一族や一村をあげて、一時的に、定期的に、また永久的に移動した。港湾や鉄道、道路、国家的モニュメントなどの大規模な建設工事をめざして、または各種農作物の植え付けや収穫の時期に合わせて、長距離あるいは短距離を移動する人たちも絶えなかった。

農村経済の崩壊と農民の大量流出は、彼らを顧客としていた鋳掛け屋や銅細工師、馬商人、行商人や露天商、占い師、楽師、熊つかいその他の興行師など周辺の遊動民集団にも新たなる移動を強いた。その一部が、全体としての移民の流れに乗ってヨーロッパ中心部へ、さらにはアメリカ大陸へと向かった。彼らがすべて「ジプシー」とされたのである。

この時代、経済構造の変化によって伝統的職業を失って流民化した集団も多かった。彼らがやがて「ジプシー」と呼ばれるようになったケースも多かった。イギリスのアイルランドからの漂泊民「トラヴェラーズ」、オランダの「ヴーンヴァーゲンベヴォーナー（家馬車住民）」、スウェーデンの「タターレ」と呼ばれる遊動民集団などである。農作物の植え付けや収穫の時期に合わせて、季節的に移動する農業労働者の多くも、その出自のいかんを問わずいつも「ジプシー」と呼ばれた。

一九世紀後半以降にヨーロッパ各地とアメリカ大陸に現れた「ジプシー」とは、じつはこうした大規模かつ多様な移民の流れの一部だったのである。

三　ジプシー排斥と遊動民規制

このような展開が、ヨーロッパ各国とアメリカにおいて、ジプシーにたいする二〇世紀の差別と排斥の政策を準備した。この過程で「ジプシー」にたいする拒絶感が遊動民一般や移民の差別と排斥へと動員されていった。

一八六七年五月にルーアンでカルデラシャ集団を観察したフランスの作家フロベールが友人のジョルジュ・サンドに書き送っている。「うっとりしています。八日前、ルーアンに来たボエミアンの宿営地でのことです。……不思議なのは、彼らがブルジョワたちの憎悪をかきたてることです。羊のように無害だというのに。……この憎悪には、何か非常に根の深い、異常に複雑なものがあります。秩序の人すべてに見出されるそれです。ベドウィンや異教徒、哲学者、世捨人、詩人などにたいする憎悪と同じです。しかもその憎悪のなかには恐怖があります。いつも少数者の側にある私にはいらだたしいことです」。

この「ブルジョワたちの憎悪と恐怖」を背景として、一九世紀末から二〇世紀初めにかけてヨーロッパ各国でジプシー規制とそれに名を借りた遊動民規制の制定・強化の動きがにわかに高まった。

フランスでは、すべてのカテゴリーの移動生活者を約四〇万人、そのうち二万五〇〇〇人を「家馬車に住んで集団で移動する遊動民」とした一八九五年三月二〇日のセンサス結果にもとづいて、厳しい遊動民対策が議会に上程された。「ボエミアン」とは「ほとんどつねに外国人で、略奪と乞食で暮らし、住民をゆすり、搾取する連中である」——第一次世界大戦の前後、二度にわたって首相を務めた大物政治家クレマンソーの弁である。

こうして制定された「遊動の職業の遂行と遊動民の回遊の規制にかんする一九一二年七月一六日の法律」(「一九一二年法」)は、「遊動民」を三種類に分類した。国籍のいかんを問わず、フランス国内に決まった住所を有する行商人(第一条)、フランス国籍を有するが、国内に決まった住所のない露天商(第二条)、そして「上記カテゴリーのいずれにも属さず、国籍のいかんを問わず、決まった住所ないし居所をもたず、フランス国内を遊動する者」(第三条)である。大革命後の憲法原理として「民族」を特定しないフランスの法律体系を反映してわかりにくい区分であるが、この第三条こそが事実上ジプシー(ツィガーン、ジタン、ボエミアンなどと呼ばれた)を指す法的規定だった。

第三条カテゴリーには、身分証明用の「身体特徴手帳」の携行が義務づけられた。身体特徴手帳は、市町村に出入りするたびに当局の査証を受けなければならなかった。そこには、横向きおよび正面の顔写真、指紋、氏名、出生地と出生日、家系、国籍、人相、身体的特徴、職業、使う車両の特徴とその登録番号などが記載された。さらに、翌一九一三年五月の布告によって、ワクチン投与歴、手術歴、入院歴、その他の医療記録を記載した「衛生部」が追加された。手帳は、成人の各人が所持を義務づけられ、くわえて家長は家族全員の手帳を合冊したものを所持していなければならなかった。不所持、または記載内容の脱漏・不備などを理由として、この手帳があらゆる類の差別と迫害に利用された。一九一二年法とともにこの手帳の制度が廃止されたのは、じつに一九六九年のことである。

ドイツでも、とくに農村社会で、一九世紀に入って急増したさまざまな遊動民や浮浪者にたいする排斥感情が高まっていた。一八六〇年代なかばにハンガリーやボスニア出身の銅細工師（カルデラシャ）や熊つかい（ルダリ）などの遊動民集団が現れるや、各領邦政府は、間髪をいれず、これら「ジプシー」の入国禁止を布告した。

遊動民の取締りにもっとも熱心だったのはバイエルンで、ここでは一八九九年に「ジプシー中央局」なる専門的な情報収集機関が設立された。「ジプシー対策」をより効率的にするために、彼らにかんするデータ（氏名、外見的特徴、家系、出生の場所と日付、職業、所在地、犯罪歴、その他）を組織的に収集することが目的だった。

一九〇五年には、バイエルンの警察幹部として「ジプシー対策」を主導してきたアルフレート・ディルマンなる人物によって、こうした情報を集大成した『ツィゴイナーブーフ』が刊行された。ジプシーとされた人間のいわば全国指名手配書だった。その序文は、「ジプシー」とは社会学的概念であるとした。すなわち、民族や国籍のいかんを問わず、家族をともなって移動してまわる人間すべてを「ジプシー」としたのである。グレルマンとはまったく異なるジプシー概念であった。こうした動きの延長線上に、ヴァイマール時代の一九二六年、バイエルン州で「ジプシー、浮浪者および労働忌避者と闘うための法律」が制定された。この一九二六年法は、『ツィゴイナーブーフ』以来の伝統に従って、「人種的ジプシー」にくわえて、「ジプシー風に生活する人間」、そして定義そのものによってとりわけ嫌悪されるべき人間集団としての「労働忌避者」に言及していた。こうした人間集団は警察の判断によって労役所に収容することができた。ナチス・ドイツのジプシー政策まで、あと一歩だった（詳しくは第七章を参照）。

イギリスでも一九世紀に入ってあらためて「浮浪者」の取締りが強化されていた。その流れのなかで、一八八五年から九五年にかけて厳しいジプシー取締法の制定を求める議会への請願運動が執拗に展開された。運動を推進したのは、原始メソジスト派の説教師の家に生まれたジョージ・スミスという狂信的な慈善運動家であった。彼のジプシーにたいする関心は、彼らの窮状に同情してのことではなく、深い嫌悪感にもとづいていた。彼によれば、ジプシーは近代イギリスのキリスト教文明社会にあって存在してはならない寄生的時代錯誤であり、その惨めな生活は彼らの怠惰に由来した。

　このような観点からスミスは、ジプシーの住む家馬車に厳格な規制の網をかけることを目的とした「可動住宅法」の制定を求めた。その種の住宅すべての登録、その住民の子どももすべての強制就学、室内で一人ひとりに保証されるべき空間容積の基準、男女の就寝場所の隔離、健康・衛生・道徳状態の検査のための住居内立入り検査、等々。このようにしてスミスは、社会の「最低の澱」をその「有用な構成員」に転化できると期待した。

　法案そのものは、営業が制限されることを恐れた興行師組合の反対と人権抑圧にたいする懸念、そしてその有効性にたいする疑問などから最終的には否決されたが、この動きがきっかけとなってジプシーを含む遊動民規制が強化された。ジプシーだけではなく、激増するさまざまな遊動民や浮浪者を対象として、土地利用規則や道路交通法、浮浪者規制、衛生、教育、保健などの諸法令が強化され、それらがさまざまに組み合わせて適用されることになった。

　アメリカでは、一九世紀後半以降、とくに南東ヨーロッパからの移民の激増とともに、新しい移民にたいする排斥運動が広がり、同時にヨーロッパ社会のジプシー差別感情が持ち込まれ、定着した。新しい大量の移民にたいする排斥運動は一八三〇年代から目立つようになっていたが、初期のそれはカトリック、とくにアイルランド人に狙いを定めて、ロマニチャルの移民にはほとんど影響しなかったとされる。これにたいして、一八八五年以降に始まった排斥運動の第二の波は、文化的に異質とされた南東ヨーロッパからの移民に向けられ、人種主義思想を内包していて、それがジプシーの扱いを左右した。

連邦政府の公式の移民政策はとくにジプシーに言及することはなかったが、入国管理の現場では露骨な差別が横行した。主要港における入国審査の記録が示すところ、審査官たちは偏見に満ちたジプシー像を抱いていて、これが審査に反映された。たとえば、入国申請者のうち、一次審査で入国を拒否された人の割合はジプシーの場合三五パーセントに達した。これは、移民一般の二・六パーセントをはるかに上回る高率だった。異議申立などによる再審査の結果、最終的にはジプシーの七二パーセントが入国を認められたが、それでもその比率は移民平均よりもかなり低かった。

州レベルでは公然とジプシーを排斥することが試みられた。「ジプシー」であるというだけの理由で移動の自由その他を制限し、供託金を課すなどの差別的法律が各州で制定され、その多くは第二次世界大戦後まで廃止されなかった。「ジプシーは……身内の犯罪について二〇〇〇ドルの連帯責任を負う」としたミシシッピ州法、「州政府はジプシーに免許を交付し、その取締りのために条例を制定し、改定し、廃止し、施行することができる」としたニュージャージー州法にいたっては、一九八七年の時点でもなお効力を有していたという。

第七章　ナチス政権のジプシー政策

第二次世界大戦中、ドイツと東欧のジプシーはその歴史上かつてない悲劇に見舞われた。ヒトラーのドイツによる「ツィゴイナー」絶滅政策である。各地の強制収容所で、また占領地や戦場で、「ツィゴイナー」とされた人たちが無差別に追い立てられ、命を奪われた。犠牲者の数は数十万人ともいわれるが、その全容は今日に至るも明らかではない。誰が、どこで、どれだけの数、犠牲となったのかは依然として不明なままである。

その原因の一つは、ナチス政権の「ツィゴイナー政策」がそもそもの初めからきわめて曖昧で、対象とすべき「ツィゴイナー」を明確に特定しなかったことにあった。それは、ドイツの歴史的なツィゴイナー政策の延長線上に、「社会的観点」にくわえて「人種的観点」から定義され、しかもまったく恣意的に運用された。その結果、「ツィゴイナー、混血ツィゴイナー、ツィゴイナー風放浪者」とされたさまざまな人びとが犠牲となった。

一　ナチス政権によるジプシー大虐殺（＝ポライモス）

ナチス政権には当初から体系的なジプシー政策があったわけではないとされる。しかし、迫害は一九三三年の政権成立直後から始まっていた。その最初とされるのが、同年七月の「遺伝的疾患をもつ子孫を予防するための法律」と一一月の「危険な常習犯罪者にたいする法律」である。これらの法律にもとづいて、ジプシーもまた高い出生率、そしてたとえ重罪を犯していなくてもその「生来の犯罪性」のゆえに、強制的断種の対象とされた。明らかに人種主義的発想にもとづく措置であった。

一九三五年九月のいわゆるニュルンベルク法（「帝国市民法」と「ドイツ人の血と名誉を守るための法律」）は、それ自体はユダヤ人排斥のための基本法であったが、翌年に出た解説書においてジプシーもまた「異質の血」をもつ人種であるとしてその適用対象とされた。

ジプシーについては、ユダヤ人の場合のニュルンベルク法に相当する独自の「基本法」はついに制定されなかったが、一九三八年一二月八日に出た親衛隊長官ヒムラーの布告「ツィゴイナー禍の撲滅」が政策の基本となった。布告はその適用対象を「ツィゴイナー、混血ツィゴイナーおよびツィゴイナー風放浪者」と明示して、これ以降、彼らのすべてが指紋の採取、当局への登録、移動の禁止など日常生活上の厳しい制約を課されることとなった。

各地に建設された施設へのジプシーの強制収容もすでに一九三五年に始まっていた。とくに一九三六年にはベルリン・オリンピックを控えて一二〇〇人から一五〇〇人のジプシーが拘留され、その大半がのちにアウシュヴィッツに移送された。一九三七年、公職からの追放と自営業の禁止が布告された。翌三八年には「労働忌避者」あるいは「反社会的分子」として大量逮捕が始まった。三九年、現住所を離れることが禁止された。一九三九年九月にはヒムラーの片腕ハイドリヒの主催でナチス政権の人種政策にかんする会議が開かれて、おそらくここで全ヨーロッパからジプシーを一掃することが最終的に決定されたと推定されている。

四〇年には帝国およびオストマルク（旧オーストリア）のジプシー三万人を総督府（旧ポーランド）に移送することが決定された。本格的移送は四一年以降のことになる。一九四二年一二月一六日、帝国内の「混血ジプシー」すべてをアウシュヴィッツに移送することを命じたヒムラーの「アウシュヴィッツ令」が布告された。「最終的解決」の始動であった。

ナチス政権による一連の「ツィゴイナー」政策によってどれだけの人が犠牲となったかは今日にいたるまで確定されていない。一般にドイツとその支配地域および同盟諸国にいたジプシーの七〇－七五パーセント、およそ二五万人から五〇万人が殺されたと推計され、「虐殺の規模をこれより小さいとする根拠は見出せない」（フレーザー）という。もっと少なかったはずだとする説がある一方で、五〇万人から一五〇万人のあいだとする研究、最大四〇〇万人とする主張さえある。

このように犠牲者の推計値に大きな開きが生じているのは、そもそもナチス政権による「ツィゴイナー」の定義が曖昧だったことに加えて、各地の強制収容所や絶滅収容所における具体的な状況の解明が進んでいないこと、そして、収容所以外で、すなわち戦場や占領地などで、あるいはバルカン半島のナチスドイツの傀儡政権下において、無差別かつ大量に虐殺された事例が無数に存在するからである。

アウシュヴィッツでは、ここに設置されたジプシー家族収容所が閉鎖された一九四四年八月二日までに、「栄養不良、病気、医学実験、そして過酷な収容条件」によって一万三六一四人、ガス室で六四三二人、脱走に失敗して三二人、あわせて二万七八人が死んだことが知られている。ここにはドイツとオーストリアの全土から二万二七〇〇人前後が移送されていたから、生き残ることができたのは二七〇〇人たらず、約一六パーセントということになる。ポーランドのウッチやオーストリアのラッケンバッハなどほかのところも含めて、強制収容所で虐待、疾病、ガス殺、処刑などによって死亡したジプシーの数はあわせて二〇万人から二二万人と推計されている。

他方、強制収容所以外での犠牲者数となると、個々の事例はともかく、全体としてはきわめておおざっぱな推計にとどまる。ソ連の被占領地域では、ナチスの特殊作戦部隊アインザッツグルッペンによる無数の蛮行が報告されている。この部隊は「すべてのユダヤ人、ツィゴイナー、共産主義者」を殺すよう命令されていたという。占領地における対独抵抗闘争の広がりに手を焼いたオストラント（東部占領地域）の陸軍野戦警察長官が、一九四二年八月二五日、次のように布告している。

ツィゴイナー集団の出現は当該地域の平定を妨げる主要な脅威である。乞食をやりながらいたるところを徘徊して物資を補給するなど、パルチザンにたいしてさまざまな援助を提供するからである。ツィゴイナーのうち、パルチザン支持の容疑者あるいは確定犯だけを処罰するとすれば、残りの者はドイツ軍にたいしていっそう敵対的となり、パルチザン支援をさらに強めるであろう。よって、ツィゴイナー集団は容赦なく根絶することが必要である。

バルカン半島では、反独抵抗闘争の過程で、またこれにたいする報復として、多数のジプシーがドイツ軍によって、あるいはその傀儡政権によって殺害された。たとえば、旧ユーゴスラヴィアではクロアチアに成立したウスタシャ政権が、非クロアチア人、すなわちセルビア人、ユダヤ人とともにジプシーを狩り立て、強制収容所に閉じ込め、殺害した。ルーマニアのアントネスク政権は、数万のジプシーをドニエストル川東岸のトランスニストリア（現在はモルドヴァ共和国の一部。一九四一－四四年にかけてルーマニアの占領下にあった）へ追放、殺害した。こうした犠牲者の数についてはおおざっぱに推量する以上のことは不可能である。

ユダヤ人のホロコーストの問題は、戦後、イスラエル国家やユダヤ人団体などから補償と謝罪を求める強力な圧力があって、早くから注目され、精力的にその実態が解明されてきた。その結果、一九五一年九月、当時の西ドイツ首相アデナウアーが連邦議会でユダヤ人にたいするドイツ民族の犯罪行為を認めて、被害者や犠牲者遺族の補償を決めた。しかし、ジプシーの問題は長く放置されたままだった。被害の補償が日程に上るようになったのは一九六〇年代に入ってからのことである。

そのさい、あらためて問題となったのは迫害された理由をどう判断するかであった。最初のうち裁判所は、ジプシーが迫害されたのは彼らの「反社会的行動」、つまりさまざまな犯罪行為のゆえであったとして、人種的帰属を理由としたジェノサイドの存在を認めようとしなかった。一九六一年になってはじめて、ジプシーおよびその同類とみなされた人たちが、ユダヤ人と同じように一九三五年のニュルンベルク法にもとづく「劣等人種」として虐殺されたことを認める司法判断が示された。ジプシー虐殺が人種的帰属を理由としたジェノサイドだったことを西ドイツ政府が公式に認めたのは、ようやく一九八二年三月のことである。ユダヤ人の場合に遅れること三一年だった。

ナチス政権によるジプシー絶滅政策をはじめて体系的に説いたイアン・ハンコックは、これをユダヤ人大虐殺＝「ホロコースト」と区別してロマニ語で「ポライモス」と呼ぶ。「食らい尽くすこと」という意味である。「ヨーロッパのロマニ〔ジプシー〕の経験のこの恐るべき一章（……）を、ほかの民族の歴史の陰から引き出すことが必要だった。これを実現する最初の一歩がそれに名称を与えることだった。そして現在、ロマニのホロコーストを指してもっとも広く用いられている言葉がポライモスである」。

二　ドイツにおけるジプシー規制の歴史

ナチス政権の「ツィゴイナー政策」は、「浮浪者」対策に重点を置いて形成されてきた近世以降のドイツにおけるジプシー政策の延長線上にあった。そこに、一九世紀半ば以降に強調されるようになった人種主義的観点が接ぎ木された。その結果、「社会的観点」と「人種的観点」を混在させたきわめてあいまいな「ツィゴイナー」概念が形成された。

ドイツでは、上述のように（第三章）、ヨーロッパのほかの国に先駆けて早くも一五世紀末にはジプシー排斥政策が始まっていた。一四九七年、当時の神聖ローマ帝国議会がジプシーをトルコ（オスマン帝国）のスパイであると断じて以降、繰り返しその追放が布告された。とくに一六九七年の布告は彼らの存在そのものを非合法化して、男は死刑、女は片耳を切り落としてむち打ちの刑とした。当時のドイツは三五〇余りの領邦国家で構成されていたが、これら各領邦もまた独自に厳しいジプシー排斥法を制定した。

こうした一群の禁圧法が取り締まろうとした「ジプシー」とは実際にはどのような人間集団だったのか。各領邦の禁圧令の条文がそのヒントを与えてくれる。「ジプシーならびに浮浪者の通証は没収される」（ザクセン、一五七九年）。「……一般にジプシーとされる大勢の集団のなかには、同じように装う退役軍人がかなりの数認められる」（同、一六五二年）。「ジプシーその他の放浪盗賊集団に対する強化布告」（プロイセン、一七一〇年）。「ジプシーおよび同様の放浪盗賊集団」（マインツ、一七一四年）。一七六六年のプファルツ伯爵領布告は二度目に捕まった「あらゆる類のジプシーや盗賊、放浪者の輩」を裁判なしで絞首台に吊るすとした。当局の関心が、「ジプシー」にくわえて各地を徘徊し、無法を働く「浮浪者」や「放浪盗賊集団」にあったことが明らかである。

一八世紀以降のドイツ各領邦の警察文書の分析は、こうした「浮浪者」対策が拡大、強化されてゆく過程で、やがて人種的概念を内包した「ツィゴイナー」がその総称的レッテルとして活用されるようになり、それが最終的にナチス政権の「ツィゴイナー政策」へとつながっていったことを明らかにする。

一八世紀には、現代的な意味でいう警察というものはまだ存在しなかった。治安維持にあたる各領邦当局は、犯罪人を捕まえる重要な方法のひとつとして手配書を作成し、これを関係機関に配布した。犯罪が疑われる人物の氏名や職業、特徴の一覧である。そこでは凶悪犯や重罪犯というよりも、あたりを徘徊するこそ泥やゆすり、たかり、乞食、浮浪者などが圧倒的多数を占めていた。彼らの多くがただ定住していないというだけの理由で警戒され、犯罪を疑われて、「ガウナー（悪人）」とか「ヤウナー」（ならず者）、「ファガンテン（浮浪者）」、そしてときに「ツィゴイナー」というレッテルを貼られたのである。

一九世紀に入ると、当局の関心対象は「危険な浮浪者」というはるかに広い範囲の人間集団へと拡大されていった。そこには、楽師や曲芸師、鋳掛け屋、はさみ研ぎ、行商人といった伝統的な遊動の職業の人びとに加えて、この時代に激増した下層労働者、とくに各地を移動する雇われの労働者が含まれるようになった。こうした人間集団が当局のいう「ガウナー」全体の四分の三を占めていたという。明確に決まった住処をもたず、十分な生活手段をもたない——と当局の目に映った——人間が、当然のことのようにガウナーとして犯罪者扱いされた。

こうした「浮浪者」を指して「ツィゴイナー」と規定する傾向も次第に一般化して、やがて警察当局はありとあらゆる類の遊動の集団にたいしてこのレッテルを貼るようになった。一八四六年に創刊されたハノーファーの『警察通報』は、最初から「浮浪者」を指す基本的なレッテルとして「ツィゴイナー」という語を使った。

この頃から警察当局によるジプシーの家系図作りが本格的に始まった。一八四七年には「ツィゴイナー家族」としていくつかの家系図が公表され、一八五一年から五三年にかけてさらに多くの家系が追加されて、この情報が警察世界に広く流布されるようになった。のちに、ナチス政権の「ツィゴイナー政策」のイデオローグ、ロベルト・リッターもこの情報を活用した。

一八五七年がレッテル貼りのプロセスの重要な画期となった。それまでは、各ジプシー家族はほかの指名手配者と並んで「危険な浮浪者」という包括的範疇のなかに分散して記載されていた。ところがこの年、「ツィゴイナー」という独立した項目が設けられたのである。いまや『警察通報』の読者（おもに現場の警察官だったが）には、誰がジプシー家系に属するかがひと目でわかるようになった。

この時代、どのような理由によって特定の人間集団に「ジプシー」というレッテルが貼られたのか。家族をともなって移動し、遊動の商売をやっているというだけではまだジプシーとされることはなかった。人種的／民族的特徴もあいまいだった。さまざまな『警察通報』の記述からは、たとえば黒い肌色が繰り返し言及されるなど、ジプシーについて人種的／民族的イメージがすでに存在していたことは明らかであるが、しかし、ジプシーとレッテルを貼られた人間すべてを検討してみれば、この特徴はそれほど重視されていなかったことがわかる。白い肌色のジプシーもいれば、逆にそうレッテルを貼られていない黒い肌色の遊動民もいたからである。しばしばジプシーと結びつけられた犯罪行為、たとえば詐欺や泥棒もそれ自体としては決定的な要素とはなっていなかった。ジプシーとレッテルを張られることになった基本的な理由は、むしろ、身元のあいまいさと定住しない生活様式、すなわち「浮浪者」とみなされたことである。

上述（第六章）のように、プシーの登録をもっとも積極的かつ組織的に進めたのがバイエルン州であった。ここで、一八九九年にミュンヘンの警察内部にツィゴイナー中央局が設立された。その目的は、ジプシー対策を強化し、取締りを効率化するために、彼らにかんする個人情報（氏名、生年月日と出生地、職業、居住地、法令違反歴、その他）を可能なかぎり多数かつ系統的に収集することだった。

この組織の責任者アルフレート・ディルマンは、すでに以前からバイエルンのジプシー家族のデータ収集に着手していたが、こうしたデータを集大成して一九〇五年に『ツィゴイナーブーフ』

を出版した。何度か版を改めたこの書が、その後のドイツにおけるジプシー取締りの「教典」となった。

ディルマンは、その序文で、ツィゴイナーとは道徳的に劣等な、犯罪傾向の著しい住民集団であって、独立した人種集団ではなく、ほとんどすべてが混血であるとした。それゆえに彼は、「ツィゴイナー」という語を社会学的概念として使用する旨を明記して、「ツィゴイナー」とは、民族ないし国籍のいかんを問わず、家族をともなって移動してまわる人間すべてを指す、とした。彼の想定するこうした人間集団には、一五世紀以来のドイツにおける巷間のジプシー像が反映されていた。つまり、巡礼や行商を装ってあたりをうろつきまわり、盗みを働き、乞食をし、市民の安全を脅かし、人をだまし、伝染病を広め、素朴な農民の迷信深さを悪用する人間集団、と。

『ツィゴイナーブーフ』には、こうした定義にもとづいて三三五〇名あまりが「ツィゴイナー」として登録され、そのうちの六一三名について詳細な記述が与えられた。四四〇名が「ツィゴイナー」、一七三名が「ツィゴイナー風に生活する人間」と分類された。外国人はごく少数で、肌の色や言語などの人種的／民族的特徴もそれほど重視されていなかった。

ディルマンは、取締りの効果を上げるために、ミュンヘンのツィゴイナー中央局の活動をドイツ全土に拡大することを提唱した。その結果、一九一一年にツィゴイナー中央局が主催して各州のジプシー政策の調整・統合を目的とした全ドイツの「ツィゴイナー会議」が開催された。しかし、ほかの諸州、とくにプロイセンは、膨大な数の「浮浪者」の存在を前にして、対策に費用がかかりすぎるとしてディルマンの提案に消極的だった。多くの州は、「まじめな」遊動の商人や芸人たちに悪影響が及ぶことを恐れて、ディルマンの包括的な社会学的定義に反対した。

背後には、当時のドイツ社会、さらにはヨーロッパ全体におけるジプシー観の変化があった。一九世紀に入って、ジプシーを「インド起源の放浪民族」としたグレルマンの書物の影響を受けて、ジプシーという「人種」ないし「民族」なるものが実在するという認識が広まっていた。くわえて、世紀半ばの啓蒙主義のイデオロギーにもとづくジプシー同化のさまざまな試みが失敗に終わったあと、ジプシーをふつうの市民に変えることができるとする楽観論は姿を消して、彼らは特異な「人種」であって、その遺伝的な放浪志向は矯正不可能であるとする確信が広がっていた。

一九世紀後半になると、ヨーロッパの全域で人種主義の思想がいわば時代思潮となっていた。それによれば、人類はいくつかの「人種」に分けることができ、人種間には知的能力や運動能力において本来的、不変的な優劣があった。こうした優劣は遺伝的に決定され、異人種間の混血は劣等性を拡散させる恐れがある、とされた。こうした考えから、「優秀」な民族を中心に据え、「劣等」な民族を排除する人種差別主義の思想が発展した。同じ人種の内部でも遺伝的に優秀な部分と劣等な部分を選別する「社会ダーウィニイズム」の思想が登場し、避妊や断種の措置によってこのプロセスを促進する「優生学」の手法が提唱された。

こうした人種主義的発想に立って、ジプシーは幼児期の段階を超えて進むことのできない劣等な人種であり、ドイツ人とは異質の存在であるとされた。彼らは、原始時代の遺物で、自然が与えるもので暮らしを立て、生来の抗いがたい放浪の衝動のままに、極度の貧困のなかを主流住民の負担によって社会的寄生虫として生きている、と。

このような人種主義の議論を背景として、一九一一年の「ツィゴイナー会議」は、最終的に「人種的観点によるツィゴイナー」と「ツィゴイナー風に放浪する者」の両方を「ツィゴイナー」と定義することで合意した。人種主義の思想が導入されて、それまでの「浮浪者」を中心としたジプシー概念は根本的に変化した。

この「ツィゴイナー会議」の決定はワイマール時代にも踏襲されて、「ツィゴイナー、放浪者、労働忌避者に関する法律」と題された一九二六年のバイエルン州法に反映された。この一九二六年法は、とりわけ、人種的基準にもとづいて「ツィゴイナー」を区別することが可能である旨を強調した。施行にあたって出された警察官向けの布告にはこうあった――「ツィゴイナーなる語は一般に周知されているからさらなる説明は不要である。すでに人種科学は誰をツィゴイナーとみなすかについて十分な情報を提供している」。

一九二六年法は、「人種的ツィゴイナー」と「ツィゴイナー風に生活する人間」の両方を対象としてその遊動の生活にさまざまな規制を課した（警察の許可の取得、就学年齢児童の同行禁止、馬や犬の無許可帯同の禁止、家馬車など停留地の制限、など）。行商や興行に従事する「誠実な遊動民」は規制対象外とされるはずだった。ところが、ジプシーとの競争から遮断されて自らは保護されることを期待してこの法律の制定を支持した彼らの多くも、結局はほかの遊動民と一緒にされて、同じ厳しい監視と規制の対象とされ、さまざまな迫害に直面しなければならなかった。「ツィゴイナー」は、定義そのものによって寄生的であるとされて、何かの職業に就いているとしてもそれは乞食や浮浪、犯罪を隠すヴェールであるとみなされたのである。

これ以降、バイエルンでは一六歳を越えても決まった賃金労働に就かない者はすべて、いかなる種類の裁判もなしに、二年間にわたって労役所ないし矯正施設に収容できるようになった。警察は、一般市民の秩序や財産、健康に悪影響を及ぼすおそれがあると判断すれば、彼らの移動を全面的に禁止することができた。

このように一九二六年のバイエルン州法は、公然と「人種科学」に基づいて「ジプシー」について語り、同時に定住しないまま生活の糧を稼ごうとする人間すべてを「浮浪者」「労働忌避者」として断罪したのである。ナチスの「ツィゴイナー政策」まであと一歩だった。

三　ナチス政権の「ツィゴイナー」概念

ナチス政権の「ツィゴイナー」もまた、右のような歴史的な「ツィゴイナー」概念を反映して、最後まで「人種的観点によるツィゴイナー」と「ツィゴイナー風に放浪する者」の双方、すなわち「人種的観点」と「社会的観点」の両方を混在させた曖昧な概念であり続けた。その結果、その時々に恣意的に「ツィゴイナー」と特定されたさまざまな人間がその政策の犠牲となった。

ナチス政権の「ツィゴイナー政策」の基本を定めたのは、上述のように、「ツィゴイナー問題の最終的な解決策を講ずる」として一九三八年一二月八日に親衛隊長官ヒムラーが出した布告「ツィゴイナー禍の撲滅」であった。布告は、冒頭で「今日までに蓄積された経験、および人種生物学的研究から得られた知識」は「ツィゴイナー問題がその人種の本質を基礎にして規定されなければならないことを示している」として、ナチス政権の「ツィゴイナー政策」が「人種科学」によって裏付けられたものであることを強調した。

ここでヒムラーの言う「人種の本質」とは、「もっとも高い犯罪率を有する」のは「混血ツィゴイナー」で、「とりわけ強い移動本能をもつ」のが「純血ツィゴイナー」であるということであった。「よって、ツィゴイナー問題の最終的な解決策を講ずるにあたっては、純血ツィゴイナーと混血ツィゴイナーを区別して取り扱う必要がある」。その後の具体的施策の展開過程を見れば、彼は、この「人種の本質」にもとづいて、「移動本能の強い……純血ツィゴイナー」は混血が生じないよう隔離して「保護」し、「もっとも犯罪率の高い……混血ツィゴイナー」は強制収容所に収容して根絶することが「ツイゴイナー問題の最終的解決」となると考えたようである。

布告は、この前提に立って、「ドイツ帝国内に居住する個々のツィゴイナー、およびツイゴイナー風放浪者の人種的所属を確定しなければならない」として、「すべての定住および非定住のツィゴイナーとツィゴイナー風放浪者」の「ツィゴイナー禍撲滅局」への登録を義務付けた。個々人が「人種的」にどの「ツィゴイナー」範疇に属するかの最終的な判定は専門家の鑑定にもとづいて帝国刑事警察局が下すとされた。これに続く各条項で、「〔純血〕ツィゴイナー、混血ツィゴイナー、およびツィゴイナー風放浪者」のすべてのカテゴリーが当局への報告や指紋採取、「人種生物学的検査」その他を義務付けられ、あるいは集団での移動を禁止された。こうして、以後「ツィゴイナー」は、「〔純血〕ツィゴイナー」、「混血ツィゴイナー」、「ツィゴイナー風放浪者」のいかんを問わずすべてが、旅券などの証明書類の発給、営業許可証、自動車運転免許証の取得などを規制され、社会生活のさまざまな側面において厳しい制約を課されることになった。

こうした基本方針にもとづいてジプシー問題の「最終的解決」が始まった。画期をなしたのが一九四二年一二月一六日のヒムラーのいわゆる「アウシュヴィッツ令」である。「混血ツィゴイナー、ロム・ツィゴイナーおよびバルカン・ツィゴイナーの強制収容所への収監」と題されたこの布告は、その執行条例第一条によって、「ドイツ血統ではない」混血ジプシーその他の強制収容所への収監を命じ、「収容されるべき者を『ツィゴイナー的人物』と呼ぶ」と定めた。第二条で、「収容から除外される者」としてまず「純血ツィゴイナー」が指定され、ついで八類型の「ツィゴイナー的人物」が挙げられていた。その際の類型区分の基準は、「ツィゴイナー的観点からみて良質」、「ドイツ血統者と正式な婚姻関係にある」、「社会的に適応した生活を送り、定職があって定住する」、「自家で製造した物品を販売する」、「まだ兵役にある」等々で、「人種の本質」とはおよそ無関係な「社会的」条件であった。

ようするにヒムラーは、「純血ジプシー」、そして恣意的に限定した一部「混血ジプシー」を除いて、ドイツ国内の「ツィゴイナー的人物」全員のアウシュヴィッツ収監を命じたのである。ここは「絶滅収容所」であったから、このことは「混血ジプシー」の「最終的解決」が動き始めたことを意味した。

このように、ヒムラーの「ツィゴイナー」概念には、最後まで、「純血」と「混血」の、またドイツ国籍からバルカン半島出身にいたるまでの、「人種的観点」からするさまざまな「ツィゴイナー」にくわえて、「人種の本質」とはおよそ無関係に「社会的」に定められた「ツィゴイナー的人物」、「ツィゴイナー風放浪者」、「その外見と風俗からしてツィゴイナーと……判断される者」など多種多様な人間集団が含まれていた。それは、基本的に、「人種的観点によるツィゴイナー」と「ツィゴイナー会議」以来の「ツィゴイナー風に放浪する者」の双方を「ツィゴイナー」とするとした一九一一年の「ツィゴイナー会議」以来の「ツィゴイナー」定義、そしてこれを踏襲したバイエルンの一九二六年州法の規定を継承したものであった。こうして、特定の「人種」や「民族」に限定されない、きわめて広範かつ曖昧な概念にもとづいて「ツィゴイナー問題の最終的解決」が始まったのである。

これら布告に際してヒムラーが依拠した「人種生物学的研究」とは、主として、帝国保健省遺伝学研究所の所長で人口優生学・犯罪生物学の専門家ロベルト・リッターの学説であった。

リッターの学説では、第一に、遺伝的に継承される「劣等性」の形質というものがあって、そのようなものとして虚弱体質やアレルギー体質などの病的な体質や精神的な障害にくわえて、いわゆる「反社会性」が強調された。この「反社会性」には、放浪癖、盗癖、虚言癖、不規則就労、アルコール・麻薬中毒、賭けごとへの熱中、宗教的狂信、売春、自殺、その他が含まれた。第二に、このような「劣等性」は混血によってきわめて深刻な問題となるとされた。「健全な家族」が「社会的あるいは医学的に劣等」な人間と交われば、つねにこの「劣等性」が貫徹して急速に拡散する。つまり、混血が「悪の根源」とされたわけである。第三に、この問題を解決するためには「優生学」の手法が不可欠とされた。「劣等性」の諸結果を無害化するためには少なくとも四世代にわたって「健康な血」とかけあわせることが必要であり、究極的には「劣等性」の血をもった人間を隔離し、断種・不妊化の措置を施して子孫の再生産を阻止することが必要である、と。

リッターは、何よりも「ツィゴイナー」において以上三つの要素すべてが決定的であると考えた。彼は、もともと、グレルマンが定式化したジプシー像の特徴を備えた「真のジプシー」が存在すると考えていた。しかし研究の過程でそのような「本物のツィゴイナー」を見つけることはできなかった。当時、ジプシーに認められるとされていた固有の特徴、たとえば、集団としての放浪、独自の言語、昔からの慣行と習慣、それとわかる人相学的特徴、特有の職業、独特の名前などをすべてはっきりと示す人間集団は存在しなかった。それどころか、調査の結果はむしろ、ドイツ人のなかにもこうした基準の多くを満たすさまざまな集団や個人が存在することを明らかにした。他方、ジプシーであるとされながらも、定住生活を送り、外見からはほかのドイツ人と区別がつかないなど、ようするに昔からいわれてきたイメージとほとんど合致しない人たちもいた。

リッターはこれを、長いあいだの混血の結果であると考えた。実際、リッターがドイツで見出すことのできた「ツィゴイナー」は九〇パーセント以上が混血であると判断された。彼らは、本来はインドの出身であり、その意味でかつてはアーリア人であったが、西方への移動の過程で放浪生活を送る劣等な人種と混血し、その結果として反社会的で犯罪的な存在となったとされた。ドイツに居住するようになってからは、浮浪者集団や犯罪者集団、精神異常者などドイツ人の下層階級とさらに混血して、その「劣等性」はいっそう顕著なものとなった。これら混血ジプシーは「劣等性」を拡散させてドイツ人の「血と健康」にとって重大な脅威をなすから、彼らをドイツ人と交わることのないよう閉鎖的な居住区に封じ込め、かつこれ以上子孫が増えないよう「優生学的措置」を講じる必要がある——これがリッターの結論だった。

こうして何よりも「混血」が「悪の根源」とされて、この「悪の根源」を根絶するために個々の「ツィゴイナー」の「混血」の度合いを判定することが不可欠となった。そのために彼が向かった先がドイツ警察の伝統であった系図学的研究である。「ツィゴイナー」に顕著な犯罪志向や浮浪生活、アルコール中毒、売春などの「反社会性」は祖先からの遺伝によるとして、系図をたどることによってこうした「反社会的人間」の「ツィゴイナー度」を決定しようとしたのである。一九世紀以来ドイツ各地、とくにバイエルン州で蓄積されてきた系図学的情報のデータがその基礎となった。

この系図学的研究に基づいて、「ツィゴイナー」、「混血ツィゴイナー」、「非ツィゴイナー」という三つの範疇を区別する「人種診断書」が作成された。警察当局および「ツィゴイナー禍と闘う帝国中央局」は、この「人種診断書」に基づいて「ツィゴイナー」を摘発し、範疇区分に応じて強制収容所に送るなどの措置をとることとされた。

リッターの判定基準はこうだった。


ツィゴイナー＝祖父母に純血ツィゴイナーが三人以上いる人間。

混血ツィゴイナー（＋）（第一級）＝祖父母に純血ツィゴイナーが一人または二人いる人間。

混血ツィゴイナー（－）（第二級）＝祖父母に混血ツィゴイナーが二人以上いる人間。

非ツィゴイナー＝上記以外のすべての人間。


最後の「非ツィゴイナー」という範疇は一見わかりにくい。「人種診断」上は「ツィゴイナー」とはされないが、「ツィゴイナー風」として「ツィゴイナー政策」の対象とされるべき人間範疇であった。

こうした鑑定結果にもとづいて刑事警察局が指紋の押捺された特別身分証を発行した。証明書は、純血ジプシーは褐色、混血ジプシーは淡青色の線が入った褐色、そして「ツィゴイナー風放浪者」は灰色だった。強制収容所によっては、「ツィゴイナー」には茶色の、「反社会的分子」には黒の三角形の標識表示を強制したところもあった。

ただし、ナチス政権の実際の「ツィゴイナー政策」がこのような区分と分類に忠実に従って遂行されたと考えてはならない。ヒムラー自身、最終的にはヒトラーの意向を忖度して「純血ツィゴイナー」の特別扱いをあきらめていた。また法令施行の実際においては、混乱する戦場や占領地はもとより、ドイツ国内においてさえ、現場の指揮官がそうみなした人間すべてが「ツィゴイナー」として収容所送りその他とされた。このことは、リッターのもとで一九四五年一月まで作成が続けられた「人種診断書」の最後が第二四四一一号でとどまり、彼が家系を登録できたジプシーの数も最終的に三万五〇〇〇人にすぎなかったという事実からも明らかである。実際には、これよりはるかに多くの「ツィゴイナー」が強制収容所に送り込まれていたのである。

そもそも「純血ツィゴイナー」なるものが「アーリア人」という「人種神話」にもとづく虚構にすぎなかったという点は別としても、いかに系図学的データが蓄積されつつあったにせよ、個々のジプシーについて「純血」か「混血」かの判定を下すことなどおよそ不可能であった。結局、ヒムラーの布告は、「人種の本質」にもとづく「〔純血〕ツィゴイナー」と「混血ツィゴイナー」の区別という一見科学的な、しかしそのじつまったく非現実的な区別を導入することによって、実際には「ツィゴイナーおよびツィゴイナー風放浪者」という「人種問題」と「社会問題」を混在させたナチス政権の「ツィゴイナー」概念の曖昧さを覆い隠す役割を果たしたのである。

以上から浮かび上がるのは、ナチス政権の政策担当者とそのイデオローグが、まさに「ツィゴイナー」の実体の曖昧さに振り回されていたという事実である。彼らは、ひと口に「ツィゴイナー」といっても実際にはきわめて多様な人間集団であるという現実を前にして、最後まで彼らを「人種的」に絞りきることができなかった。「人種の本質」にもとづいて「純血ジプシー」と「混血ジプシー」を区別しようとしたものの、結局は「ツィゴイナー的人物」や「ツィゴイナー風放浪者」といった「社会的」定義をも残さざるをえなかったのである。その結果、「人種的」および「社会的」なさまざまな観点から「ツィゴイナー」ないし「ツィゴイナー風」とレッテルを貼られた多種多様な人間が無差別に「ツィゴイナー政策」の犠牲とされたと考えてよい。

その代表例の一つがイェニッシュと自称するドイツ（およびスイスなどその周辺地域）の土着の遊動民集団であった。彼らは、さまざまな事情によって一九世紀に入る頃までに主流社会の傍らで遊動の生活を送るようになったドイツ人集団とされる。農業労働や行商、刃物研ぎ、楽師などを生業として、いわゆるロートヴェルシュ語に近い独特の言葉を使った。ドイツを中心に数十万人を数え、独自のアイデンティティを主張したが、その外見や生活様式が似ていたことからしばしばツィゴイナーと同一視ないし混同された（リッターもこの両者を明確に区別しなかった）。ナチス政権もまた彼らを「ツィゴイナー」として厳しく迫害したのである。

終章　「正史」を超える

インド起源

たびたび強調してきたとおり、一七八三年に出たドイツの歴史学者グレルマンの『ジプシー論』は、現在にいたるまでヨーロッパはもとより日本を含む全世界のジプシー研究に巨大な影響を及ぼしてきた。その視点と論理は、ジプシーについて書かれた最近の諸著作においてさえ、部分的にせよ、また自覚されていないにせよ、繰り返し現れる。じつにグレルマンの著書は、その後の二世紀以上のジプシー研究の基調を定めた、つまり、ジプシー研究の確固不動のパラダイムとなったのである。

その結果、後世のジプシー研究は、一九七〇年代にいたるまで（一部では今日にいたるまで）、グレルマンが描いたとおりの人間集団――インドを起源として身体的特徴、言語・文化、民族誌などを同じくする放浪の民族という――が実在することを前提として展開されることになった。

第四章で詳述したように、じつはこれはグレルマンの創造と想像の産物であって、実際にはそのような「民族」は存在しなかった。それにもかかわらず後生は、グレルマンのパラダイムのなかで、そこに描かれたジプシー像を疑問の余地のない自明の規準として、歴史的、地理的に類似の人間集団を探求し、「正史」を綴ってきた。その際、その時々にその地でジプシーとされた人間集団の実体が立ち入って検討されることはなかった。

このような「正史」を見直そうとすれば、まずは「インド起源」にたいする拘泥を捨てなければならない。そのおもな理由は二つある。ひとつは、「正史」のいう「インド起源」とは、科学的な結論というよりもほとんど「御題目」にすぎず、その具体的な内容については今日にいたるも議論百出で、この意味でここには厳密な検討に値する「定説」が存在しないことである。すべての論者が「インド起源」「インド起源」と繰り返すが、いうところの「原郷」が広大無辺かつ複雑多様なインド亜大陸のどこであるのかという「インド起源説」のまさに核心部分において議論はさまざまに分かれている。それが暑熱の砂漠地帯であろうと、急峻な山岳地帯であろうと、緑に覆われた大河の流域であろうと、多様な人びとの住む大都市であろうと、あるいはヒンドゥー文化圏であろうとイスラム文化圏であろうと、「インド」でさえあればどこでもよいということであれば、そもそも「原郷」を探求することの意味はどこにあるのか。

インド起源説に拘泥してはならないもうひとつの理由は、そしてこちらのほうが本質的な問題なのだが、実際にジプシーとされる集団を観察し、あるいは諸文献をひも解いてみればただちにわかるとおり、「ジプシー」とはさまざまな出自を窺わせるきわめて多様な人間集団であって、その全体にあてはまる一つの地理的原郷を探し求める試みはそもそもおよそ的外れであると考えられたことである。古来のユーラシア大陸における人びとの繋き往来を考えれば、ヨーロッパのある人間集団の祖先の一部がインドから来たということは大いにありうる話である。また、ある集団のＤＮＡにインド固有の要素なるものが発見されたという報告もうなずけよう。しかし、そのような「事実」はあくまでもその人間集団に限っての話であって、「ジプシー」の原郷がインドであるという議論とはまったく次元を異にする。「ジプシー」の原郷を論じようというのであれば、まずは、それが多様なさまざまな人間集団ではなく、「ひとつの民族」であることが証明されなければならないのだが、グレルマン以来の「インド起源論」を検討してみれば、それがまさにこの出発点のところですでにつまずいていたことが明らかとなる。

カツィベロス（ザルつくり）

「正史」の見直しにあたっていまひとつ戒められるべきは、「ジプシー」や「ツィゴイナー」またはこれに類する名称で呼ばれている人間集団があれば、あるいは鍛冶や楽師、博労や占いなど彼らを連想させる生業を営む遊動の人間集団が見つかれば、その実体を問うことなく、それをただちにグレルマン流の「ジプシー」、つまり「インド起源の放浪民族」の祖先または末裔として論を進める、といったやり方である。グレルマン後のジプシー論者たちは、ほぼ例外なく、こうしたやり方によって、一一世紀以降にヨーロッパ各地で記録され、あるいは観察されてきたさまざまな遊動民集団をその地域その時代の「ジプシー」として「正史」を綴ってきた。しかし、こうした人間集団をすべて「インド起源の放浪民族」の祖先または末裔と一括するに足る系譜的・血統的、あるいは文化的・社会的なつながりが実際に存在するのかどうかはまったく検討されてこなかった――故意にか、あるいは怠慢によってか。

「正史」におけるこのような議論の進め方の典型例の一つを、ビザンツ帝国時代のバルカン半島におけるジプシーの歴史を分析した有名な論文に認めることができる。ビザンツ史家G・C・スーリスの「中世末におけるビザンツ帝国とバルカン半島のジプシー」（一九六一年）である。この論文は、ギリシア語文献から史実を丹念に掘り起こしていて、この点でこの時代のこの地域のジプシーに言及したほとんどすべての研究書で高く評価され、広く引用されている。たとえばフレーザーも「ジプシー史のビザンツ時代の分析は……〔この〕論文によって非常に容易になった」として全面的に活用した（本書でもとくに第一章でたびたび参照した――ただし、そこで言及されている人間集団がグレルマンのいうジプシーとはまったく無縁であることを説くためだったが）。

この論文で著者スーリスは、「まずまちがいなく一四世紀のもの」で、「ほぼ確実にコンスタンティノポリスで書かれた」とされる作者不詳の三篇の大衆向けの詩を分析して、こう結論した。「このように人気があって広く読まれた作品で言及されていることは、ギリシア語世界〔つまりビザンツ世界である」の圧倒的多数の大衆がこの頃までにジプシーとその生業について熟知していたことを示唆している」。

それによれば、第一の詩『大酒のみの哲学』にはこんな下りがある――ある大酒のみが、朝起きたとき、急に世のなかの何もかもが嫌になった。その原因の一つは大あくびをする「色の黒いジプシー」を見てザルを思い起こしたことにあった……。よくわからない話ではあるが、ここでスーリスが「ジプシー」と表記した語は、ギリシア語原文では「カツィベロス」となっていて、文字どおりには「ザルつくり」を意味する言葉である。スーリスは、この語が「ジプシー」を指すことは以下の理由から疑う余地はないとして、これに「ジプシー」という英語訳をあてた。すなわち、現在でもザルつくりがジプシーのおもな生業のひとつであること、同じ詩の別の写本ではこの語に代わって「アイグプトス」（エジプト人）という語が使われていること、そして一六世紀のある年代記が「カツィベロス」と「アイグプトス」の二つの語を同義としていること。

第二の詩『四足獣についての冗談話』は動物世界に借りた風刺劇である。ある場面で狼が言い争いのなかで熊を「ゴミため！　ばかなジプシーの慰み物！」と嘲り、別のところでは野兎が狐を「うそつき！　泥棒！　ジプシー！」と罵る。ここでスーリスが「ジプシー」と訳した語は、ギリシア語原文では前者が「アティンガノウ」、後者が「ツィガナ」である。第三の詩『鳥の書』では、ガチョウがカモメに浴びせたあらゆる類の悪罵のなかに「ジプシー！」というのがあり、また、キジバトがカラスを「ジプシー」とからかう。ここでの原文は前者が「アティンガノウ」、後者が「アイグプティオス」である。スーリスは、これらの語が当時どのような人間（集団）を指して使われていたかは一切検討することなく、また問題の作品中における文脈や使われ方の異同さえ問うことなしに、ためらうことなくすべて「ジプシー」と訳して上記のような結論を導き出した。

スーリスの論文全体に特徴的なのは、ある時代にある地域で言及されたさまざまな人間集団を、その実体については問うことなく、大きくいって以下の三つの理由のいずれか、またはそのいくつかの組み合わせによってただちに「ジプシー」と一括して、すべて今日の「ジプシー」につながる同種同族の人間集団として論を進めるやり方である。すなわち、第一に、呼称が何らかの意味で——音韻や字面が似ている、語源が同じとみえる、など——「ジプシー」という語（および「ツィゴイナー」など各国語による相当語）と関連を有すると考えられたこと、第二に、占いや鍛冶、楽師や曲芸などの生業、そして放浪といった生活様式が「ジプシー」と共通したこと、第三に、肌の色が黒いとか身なりが貧しいといった外見が「ジプシー」を連想させたことである。スーリスは、この論文の全体において、まず何よりも呼称に注目して、そして生業に拠って、あるいは外見にもとづいて、さまざまな人間集団を「ジプシー」であるとした。しかも彼の場合、その前提として、「ジプシー」とは「インド起源の放浪民族」であるとするグレルマンのパラダイムがあった。こうして彼は、インドを出て西進した「ジプシー」が、一一世紀初めにはバルカン半島に到着し、一四世紀までにビザンツ帝国に定着していたと結論したわけである。

しかし、使われているさまざまな呼称を、その文脈や相互関係、歴史的経緯、語源や語形変化などを歴史学的かつ言語学的に深く吟味することなく、一見して綴りや音が似ているというだけの理由で同一の実体を指しているとするのは、乱暴きわまりない議論というべきであろう。第一章で検討した「アティンガノイ」と「アツィンガノイ」の関係がその一例である。「アイグプティオス」すなわち「エジプト人」がビザンツ帝国でも「ジプシー」を指していたとする確かな証拠は存在しない。一応は「ジプシー」と訳すこともできる「ツィガニ」や「キンガヌス」といったルーマニア語やラテン語の言葉も、それぞれの言語におけるその由来や、そう呼ばれた人間集団の実体を検討してみないかぎり、ただちにヨーロッパ世界の知る「ジプシー」を指すと結論することはできないはずである。一四世紀後半のハンガリーの訴訟記録に「ツィガン」や「チンガリ」といった人名、「チガーニ」といった地名が頻出したが、いずれも「ジプシー」の存在とは無関係であったことが判明した例をフレーザーが紹介している。

生業や外見、生活様式にもとづく議論についても同じである。上述のようにスーリスは、「アティンガノウ」や「アイグプティオス」だけでなく、「カツィベロス」まで、何の留保をつけることもなく今日の「ジプシー」の意味だとした。その根拠は、つまるところ「ザルつくり＝ジプシー」というステロタイプ的等式でしかない。しかし、いうまでもないことだが、ザルつくりという生業は、ザルにたいする需要があるかぎり、どの時代、どの地域にも見出されるだろう。これは、（現代のジプシー論者もすぐに飛びつく）いかにも「それらしい」生業、つまり鍛冶や占い、博労、行商、楽師、軽業師、あるいはさまざまな職人仕事についてもまったく同じである。かつて柳田國男は、箕つくりといった生業や漂泊の生活様式を根拠に「サンカ」は日本のジプシーではないかという仮説を提唱（一七五－一七六頁を参照）して、「行為が多少似たからとて同源というわけにはゆかず」と南方熊楠に一蹴されたことがあった。

このようにスーリスは、一見してさまざまに異なる人間（集団）を、あるときは呼称、あるときは生業、別のときは外見の類似性を根拠として「ジプシー」と一括した。そのうえで、作者不詳で制作年代も成立事情も確かではないわずか三点の文学作品のこの程度の言及にもとづいて、「ギリシア語世界の圧倒的多数の大衆がこの頃までにジプシーとその生業について熟知していたことを示唆している」とまで結論した。これだけのことで、一四世紀までにジプシーがバルカン半島に広く定着していたとする「正史」の一章が完成したわけである。

シンティとロマ

ジプシーとされる人間集団の実体を問わない議論がどのような結果をもたらすかを示すもう一つの典型例を、ナチス政権の「ツィゴイナー政策」の犠牲者をめぐる議論に見出すことができる。上述のように、ナチス政権の「ツィゴイナー」は、「人種の本質」に基づくとして一見科学的であることを装いながらも、そのじつ「人種的要素」と「社会的要素」を混在させたきわめて曖昧な概念であった。その結果、誰が、どこで、どれだけの数、犠牲となったかについて現在に至るまで明確になっていない。

こうした「ツィゴイナー」概念の曖昧さを象徴する出来事があった。二〇一二年にナチス政権の「ツィゴイナー政策」の犠牲者追悼碑がベルリンに建設されたとき、その過程で碑文に犠牲者をどう表記するかをめぐって論争があったのである。「ツィゴイナー」とされてきた人間集団の代表組織を自称するドイツ・シンティ・ロマ協議会が「シンティとロマ」と明記すべきであると主張したのにたいし、もう一つの代表組織ドイツ・シンティ同盟は、さまざまな呼称のある「ツィゴイナー民族」がナチスによる迫害の犠牲となったのであって、「シンティとロマ」という用語ではその全容が把握できないとして、「ツィゴイナー」の語が含められるべきだとした。事実、「シンティとロマ」と称する（ことになった）人びととその祖先以外にも、多様な人たちがやはり「ツィゴイナー」ないし「ツィゴイナー風」とレッテルを貼られてアウシュヴィッツ送りその他とされていたのであった。その代表例が「イェニッシュ」と呼ばれるドイツ土着の遊動民集団である。

右のドイツ・シンティ・ロマ協議会のいう「シンティとロマ」とはこうである。

シンティとロマは数世紀にわたってヨーロッパに住んできた。彼らはその国籍のあるそれぞれの国に歴史的に定着してきた少数民族であり、自らをシンティまたはロマと呼ぶ。このうちシンティとは西および中央ヨーロッパに住む少数民族の構成員であり、ロマは東および南東ヨーロッパ起源の少数民族の構成員を指す……(ドイツ・シンティ・ロマ文献文化センター)。

すなわち、「シンティ」と「ロマ」とは、自称するところ、「数世紀にわたってヨーロッパに住んで……それぞれの国に歴史的に定着してきた少数民族」だという。いっぽう、ナチス政権の「ツィゴイナー」は「人種的」および「社会的」に規定されていて、これとは範疇をまったく異にする概念であった。明らかに、ドイツ・シンティ・ロマ協議会の「シンティとロマ」は、ナチス政権の「ツィゴイナー」よりもはるかに範囲の狭い、「民族的」に限定された概念なのである。

しかも、「シンティとロマ」という呼称自体、第二次世界大戦後になって初めて「民族の自称」として使われるようになった。それまでは、「数世紀前」はおろか、ナチス時代においてさえ、そのように称し、あるいはそう呼ばれた「民族集団」は存在しなかった。したがって、当然のことながら、ナチス政権の「ツィゴイナー政策」が明示的に「シンティとロマ」を対象としたことは一度もなかった。

この「シンティとロマ」という呼称のうち「シンティ」については、その語源は「インドのシンド地域、もしくは『共同体』を意味する古典インド語の可能性が考えられる」とする説がある(ケンリックほか)。これはジプシーの「インド起源説」とも符合し、したがってシンティとはヨーロッパに登場したときから彼らが使っていた呼称(の一つ)であるかのようである。しかし、言語学的にはシンティという語のこのような「インド起源説」を否定する議論が圧倒的に多い。たとえば、ロマニ語研究で知られる言語学者マトラスである。「〔言語学的〕構造からすれば、明らかに、シンテがインド語の名詞の派生であることはありえない。……〔言語学的〕証拠のすべては、シンテが古代インド語の名詞ではなく、一八世紀末ないし一九世紀初めにロマニ語のドイツ方言に採用された最近の借用語であって、二〇世紀はじめになってようやく〔それまでの自称だった〕カーレに完全にとって代わったことを示している」。「ジプシー＝インド起源」論者の言語学者ハンコックもまた、この問題にかんしてはインド起源を否定して、シンティという呼称はドイツ語の「ツィン（錫）」からきたとしている。このようにシンティという呼称がインド起源ではなく、一八世紀末ないし一九世紀初めにロマニ語のドイツ方言に採用された最近の借用語だったとすれば、「数世紀」も前にさかのぼってシンティという「少数民族」集団の存在に言及するというのは明らかに没歴史的というべきである。

同じことは「ロマ」についても言うことができる。その語源については、一部インド語で「人間」を意味する「ドム」からきたという説から、ビザンツ帝国で使われていた「ローム」（ローマ人。「立派な人間」の意味で広く使われていた）に発するという説にいたるまで諸説があって、現在も決着していない。しかも、ロマニ語で「人間／夫」を意味する「ロム」（単数）ないし「ロマ」（複数）という語が、バルカン地域に住む一部人間集団（ヴラフ系ロマ）の自称として用いられるようになったのも、早くても一九世紀末のことであった。

そうとすれば、ナチス政権の「ツィゴイナー政策」の犠牲者を「シンティとロマ」と一括する議論は、この呼称をめぐる右のような歴史的経緯、そしてナチス政権の「ツィゴイナー」概念の先に見た曖昧さをすべて無視して、「ツィゴイナー」という語を「シンティとロマ」と機械的に置き換えた場合にのみ成り立つ議論である。それは、ナチス政権の曖昧模糊とした「ツィゴイナー」概念を、「歴史的に定着してきた少数民族」としての「シンティとロマ」と具体的に限定することによって、ナチスの「ツィゴイナー」政策の基本的特徴の一つであったその曖昧さを覆い隠してしまう議論であるといわなければならない。

ロマニ語（ジプシー語）

本書では立ち入ることのできなかった重要な問題がいくつも残されている。その一つにロマニ語（ジプシー語）をめぐる問題がある（白水社ニューエクスプレススペシャル『ヨーロッパの面白言語』所収の拙稿「ロマニ語の世界」がロマニ語をめぐる基本的な問題とその文法を簡単に紹介している）。グレルマン以来、ジプシーは固有の言葉を使うとされ、その言葉がインド起源と考えられたことをほとんど唯一の根拠として、ジプシーもまたインド起源であるとされてきたのであった。この意味でロマニ語は「正史」のいわばカギをなす。ところが、じつはここでもいまだ究明されていない重要な問題が数多く残されていて、その十全な解明なしには「正史」を導いた言語学的起源論すら成立しえないというべきである。たとえば、以下のような諸問題である。

ロマニ語については、上述のように、一九世紀以来、精緻な比較言語学的研究が進められてきた。今日では、これがインド・ヨーロッパ語族インド語派の一言語であることは、音韻、語彙、文法のすべての側面でほぼ確定されている。それにもかかわらず、この言葉がインド諸語のどれからいつごろ分岐したのかについては、言語学的に諸説あっていまも解明されていない。インド諸語から分岐したのではなく、その一方言がインドの外でほかの言語と混交して成立したとする学説さえ存在する。この問題は、言語学的起源論に依拠する「正史」がジプシーの祖先のインド出立の場所と時期を今なお特定できない最大の原因の一つである。

ロマニ語は方言の分岐が著しく、その数は一〇〇種類以上にもなるとされ、各方言の話者集団間での意思疎通はほとんど不可能であるといわれている。こうしたことから、論者によってはこれらは方言ではなく各地で形成された主流社会の言語との混成語であるとする説さえある。本来の言語構造を失って主流社会の言語のなかで語彙だけが使われている例もあり（イギリスやスペインなど）、こうした「方言」はパラロマニ語（疑似ロマニ語）と呼ばれるが、その形成過程についても諸説が分かれる。「正史」は、こうした方言の分岐、また基本的言語構造の消滅を「ディアスポラ」の結果として説明しようとするのだが……。

ロマニ語には、イラン語やアルメニア語、オセット語、ジョージア語、クルド語、さらにはヨーロッパ諸語の影響が刻印されている。とくにギリシア語の影響が顕著で、各種方言に共通する基本語彙約一〇〇〇語のうち二〇〇語から二五〇語はギリシア語起源で（たとえば数字の七、八、九がギリシア語起源である）、文法にもその影響が深く浸透している（語の活用体系はインド語起源とギリシア語起源のほぼ二重構造となっているほどである）。またその一方言であるヴラフ系ロマニ語にはルーマニア語の影響が著しい。しかし、ここに至った言語学的プロセスは解明されていない。これを、一九世紀の言語学者パスパティに従って「ジプシー語における各地域の言語からの多数の借用語の存在はジプシー集団の移動経路を示し、借用語の多寡はその地域に彼らが滞在した期間の長短を示す」と解釈して済ますことができるだろうか。

ロマニ語の過去及び現在の実際の使用状況も十分に解明されているとはとうてい言いがたい。そもそもグレルマン自身、自らが分析対象とした「ジプシー」のあいだでどの程度この言葉が使われているかをまったく検討しなかったし、最初のジプシーとした人間集団（「小エジプトから来た巡礼」）の使う言葉についても何も言及しなかった。ヨーロッパで最初に記録されたロマニ語は、一五四七年に出版されたイギリスのアンドリュー・ボードの『知識を紹介する最初の書』にある。当時すでにヨーロッパにロマニ語の話者集団が存在したことを証明する事実ではあるが、「ジプシー」とされた人間集団の間でこの言葉がどこまで普遍的だったのかは解明されていない。ほぼ同じころ、ジプシーはヴェンド語を話す（一五二二年）、あるいはロートヴェルシュ語を使う（一五四四年）という報告のあったことが想起されよう（九四－九五頁、九九－一〇一頁参照）。

ロマニ語の普及率についてもさまざまな数字が挙げられていて確かなことはわかっていない。現在でもジプシーとされる人びとのおよそ三分の一から半分が何らかの程度においてさまざまな形のロマニ語を使うというのが大方の主張であるが、その一方で九五パーセントとする説、あるいは逆にせいぜい数パーセントとする説もある。ロマニ語をまったく使わない集団も多く存在し、逆にジプシーではないとされる集団のあいだでロマニ語起源の語彙が使われている例も報告されている。

このように、ロマニ語には言語学的に重要なところでさまざまな問題が未解明のまま残されている。それにもかかわらず、「ジプシー語＝インド語」という「事実」が、それ自体まったく疑問の余地のない自明の真理として、グレルマン以来、ジプシーのインド起源説の最大にしてほとんど唯一の根拠とされてきたのであった。今でもインド起源論者は、ほぼ例外なく、彼らがインド起源でないとすればこの「事実」はどう説明されるのか、と反問するのがつねである。

ようするに、ロマニ語をめぐる言語状況それ自体がいまだ十分に解明されていないということである。こうした言語状況が形成されるにいたった歴史的経緯の究明も今後の課題として残されている。これは、ジプシー研究そのものというよりも、おそらくは比較言語学や歴史言語学、地理言語学などに属する領域であろう。ただし、忘れてはならないのは、仮にこうした言語状況や歴史的経緯が十全に解明されたとしても、それだけではただちに「ジプシー＝インド起源」説が証明あるいは否定されることにはならない、ということである。言語とその言語を使う人間集団の関係はきわめて複雑であって、ある人間集団の起源を知るためにはなによりもその人間集団の歴史それ自体を知ることが不可欠だからである。言語の歴史をもってその言語の話者集団の歴史に代えることはできない。

すでに引用した一九世紀フランスのジプシー研究者バタイヤールの言葉（厳密には、あるインド学者の研究からの彼による引用であるが）をもう一度引いて本書の締めくくりとしたい――「ジプシー語のインド起源の発見がジプシーの起源の発見を妨げてきた」、と。それとともに、その実体と歴史の理解をも、と付け加えておこう。

あとがき

前著『ジプシー　歴史・社会・文化』（平凡社新書、二〇〇六年）を上梓した後、その足らざるところ至らざるところを補わなければと考えて作業に着手してから、早くも一〇年を超える歳月が過ぎてしまった。

一九七〇年代以降、欧米では新しいジプシー研究の成果が次つぎと現れたのにたいして、日本ではこうした動きをまったく顧みない旧態依然たるジプシー論が飽きもせず繰り返されている。それも、興味本位のジャーナリストや旅行者によるものであればともかく、「ジプシー研究」を自称する人の手になる、あるいは横文字の膨大な数の原注を付して一見「学術書」と見まがうばかりの書物においてである。

興味深いジプシー概説書（マルク・ボルディゴーニ、『ジプシー』、二〇一〇年）を収めたフランスの叢書『固定観念』（キャヴァリエブリュ社）が序文で言っている。

固定観念というものは正すのが難しい。それは、人びとの常識や時代の雰囲気から生まれて、紋切り型の主張の単純化された文言によって固定される。それは、その成立過程を問うことなく手軽に使われて、とりわけ「出来合い思想」の普及に利用される。これに抗うことは困難である。

本書は、この困難を承知のうえで、「その成立過程」に立ち返ってあえて固定観念に抗ってみたということになる。この過程での二、三の感想を――。

本文でも繰り返し強調したことだが、これまでのジプシー論の大本はグレルマンの著書にある。しかし、今回、ジプシー研究の古典中の古典と考えてあらためて襟を正して精読してみたところ(ドイツ語ができない身にとっては英語版に頼るほかなかったのだが)、なにか肩透かしを食ったような気持だった。どう読んでも、「ジプシー＝インド起源の放浪民族」というその根本命題が十分に論証されているとは思えなかったからである。

一九世紀後半から二〇世紀初頭にかけて欧米でジプシーの「人気」を高めたのはイギリスの作家ジョージ・ボローである。一九二三年に出たショーター版の全集によりながら主要作品をひも解いてみて、あらためてその理由がわかった気がする。ともかく面白いのである。本来の目的を忘れて読みふけってしまうこともしばしばであった。往時の読者の多くが、事実を語ることに徹したとする著者の主張を真に受けて「真のジプシー」を見た気になったのもうなずける。

ジプシー研究、とくにその歴史の研究では、中断はあれ一〇〇年以上も続いてきた『ジプシー民俗協会報』の密林の中に一度は迷い込んでみることが絶対に不可欠である。時間と体力の限界のためにほんの表面をなぞったにすぎないというのが実感ではあるが、それでもじつに多くの収穫があった。「正史」がどのようにして成立してきたのか、先人たちが依拠したいわば「古典的」な資料をこの目で検証することで手に取るように理解することができた。片隅に「日本のジプシー」なる短信を見つけたこともささやかではあれ収穫の一つだった。

とまれ、なんとか脱稿にこぎつけた。一部これまでの拙論と重なるところもある。とくに第六章「世紀末のジプシー」は旧稿「世紀末ジプシーの大移動」（駒井洋・江成幸編著、『ヨーロッパ・ロシア・アメリカのディアスポラ　叢書グローバル・ディアスポラ4』、明石書店、二〇〇九年、所収）に手を入れて成った。いうまでもなく内外の先行研究に多くを負っているが、出典をそのつど明記することはせず、おもな参照文献だけを巻末に掲げた。これ以外にも、とくに上掲『ジプシー民俗協会報』所収の論文など、長短さまざまな資料文献のお世話になった。

最後になったが、周知の出版事情の中でこのような地味な内容の書物を取り上げてくださった柘植書房新社の上浦英俊氏の英断に心から感謝申し上げたい。思えば、志ある数少ない書肆の一つである同社とは創立以来の長いお付き合いである。壮大な構想の『トロツキー著作集』（現在も継続刊行中と聞く）のお手伝いから始めて、エルネスト・マンデルのいくつかの著作、ポーランド「連帯」の文献資料（同社刊の拙著『ポーランド〔連帯〕―消えた革命』に結実した）、そしてソ連のペレストロイカ関連の書物など、私の訳業の多くが同社とともにあった。しばらくの中断を経て、今回の仕事を通じてまたつながりが復活したことを喜びたい。

ジプシーの跡を尋ねて夏はてぬ

二〇一七年八月七日立秋の日に

水谷　驍

主要参照文献一覧

【外国語文献】

Gypsy Lore Society, *Journal of the Gypsy Lore Society*（*JGLS*）, Vol.I (1888 - 1889)－Vol.III (1891 - 1892); *New Series*, Vol.I (1907 - 1908)－Vol.IX (1915 - 1916); *3rd Series* , Vol.I (1922)－Vol. LII (1973); *4th Series*, Vol.I (1974)－Vol.II (1982); *5th Series*, Vol.I (1991)－Vol.IX (1999); *Romani Studies* (renamed from *Journal of the Gypsy Lore Society*, 5th Series, Vol.X), Vol.X－(2000 -).

Achim, Viorel, 2004, *The Roma in Romanian History*, Budapest.

Acton, Thomas, 1974, *Gypsy politics and social change – The development of ethnic ideology and pressure politics among British Gypsies from Victorian reformism to Romany nationalism*, London.

Asséo, Henriette, 1974, ‘Marginalité et Exclusion – Le Traitement Administratif des Bohémiens dans la Société Française du XVIIe Siécle’, in *Problémes Socio - Culturels en France au XVIIe*

Siécle, Paris.

——, 1994, *Les Tsiganes – Une Destinée Européenne*, Paris（邦訳、アンリエット・アセオ、『ジプシーの謎』、遠藤ゆかり訳、創元社、二〇〇二年）。

Bancroft, Angus, 2005, *Roma and Gypsy – Travellers in Europe: Modernity, Race, Space and Exclusion*, Hants, UK/Burlington, USA.

Barany, Zoltan, 2002, *The East European Gypsies – Regime Change, Marginality, and Ethnopolitics*, Cambridge.

Bataillard, Paul, 1889, 'Beginning of the Immigration of the Gypsies into Western Europe in the Fifteenth Century', *JGLS*, 1st Series, Vol.I, No.4, No.5, No.6; Vol.II, No.1.

Bloch, Jules, 1969, *Les Tsiganes*, Collection Que Sais - Je? Paris（邦訳、ジュール・ブロック、『ジプシー』、木内信敬、文庫クセジュ、白水社、一九七三年）。

Bordigoni, Marc, 2010, *Les Gitans*, 2e edition, ***idées reçues***, Le Cavalier Bleu, Paris.

Borrow, George, 1841, *The Zincali : An Account of the Gypsies of Spain , with an Original Collection of their Songs and Poetry* , London.

——, 1843, *The Bible in Spain, or The Journeys Adventures and Imprisonments of an Englishman in an Attempt to Circulate the Scriptures in the Peninsula*, London.

——, 1851, *Lavengro: the Scholar – The Gypsy – The Priest*, London.

——, 1857, *The Romany Rye : A Sequel to 'Lavengro'*, London.

——, 1862, *Wild Wales: Its People, Language and Scenery*, London.

——, 1874, *Romano Lavo-Lil: Word-Book of the Romany or English Gypsy Language with Specimens of Gypsy Poetries or Places Inhabited by Them, and of Various Things Relating to Gypsy Life in England*, London.

Boswell, Silvester Gordon, 1970, *The Book of Boswell – Autobiography of a Gypsy*, London.

Clébert, Jean - Paul, 1963, *The Gypsies*, London.

Cohn, Werner, 1973, *The Gypsies*, Reading, MA.

Crowe, David M., 1994, *A History of the Gypsies of Eastern Europe and Russia*, New York（邦訳、D・クローウェ、『ジプシーの歴史――東欧・ロシアのロマ民族』、水谷驍訳、共同通信社、二〇〇一年）。

—— and John Kolsti, ed., 1991, *The Gypsies of Eastern Europe*, New York.

Djuric, Rajko, 1996, *Romanies and Europe – Romanies as characters in European literature,* Strasbourg.

Ficowski, Jerzy, 1989, *The Gypsies in Poland – History and Customs*, Warszawa.

Fonseca, Isabel, 1995, *Bury Me Standing – The Gypsies and Their Journey*, New York（邦訳、イザベル・フォンセーカ、『立ったまま埋めてくれ――ジプシーの旅と暮らし』、くぼたのぞみ訳、

青土社、一九九八年)。

Fraser, Angus, 1995, *The Gypsies*, 2nd ed., Oxford（邦訳、アンガス・フレーザー、『ジプシー――民族の歴史と文化』、水谷驍訳、平凡社、二〇〇二年)。

Gjerdman, Olof, and Erik Ljungberg, 1963, *The Language of the Swedish Coppersmith Gipsy Johan Dimitri Taikon – Grammar, Texts, Vocabulary and English Word - Index*, Uppsala/København.

Gmelch, George, 1985, T*he Irish Tinkers*, 2nd ed., Menlo Park（邦訳、ジョージ・グメルク、『アイルランドの漂泊民』、亀井好恵／高木晴美訳、現代書館、一九九三年)。

Gomez Alfaro, Antonio, 1993, *The Great Gypsy Round - up – Spain: the general imprisonment of Gypsies in 1747*, Madrid.

Grellmann, Heinrich Moritz Gottlieb, 1787, *Dissertation on the Gypsies, being an historical enquiry, concerning The Manner of Life, Economy, Customs and Conditions of these People in Europe, and Their Origin*, English edition, translated by Matthew Raper, London.

Guy, Will, ed., 2001, *Between past and future – the Roma of Central and Eastern Europe*, Hertfordshire.

Hancock, Ian, 1987, *The Pariah Syndrome – An account of Gypsy slavery and persecution*, Ann Arbor（邦訳、イアン・ハンコック、『ジプシー差別の歴史と構造――パーリア・シンドローム』、水谷驍訳、彩流社、二〇〇五年)。

Heymowski, A., 1969, *Swedish 'Travellers' and Their Ancestry. A Social Isolate or an Ethnic Minority ?* Uppsala.

Kenrick, Donald, 2004, *Gypsies: from the Ganges to the Thames*, Hertfordshire.

——, 2004, *The Romani World: Historical Dictionary of the Gypsies*, Hertfordshire.

Kenrick, Donald and Grattan Puxon, 1972, *The Destiny of Europe's Gypsies*, London（邦訳、・ケンリック、D、G・パックソン、『ナチス時代の「ジプシー」』、小川悟監訳、明石書店、一九八四年）。

Leblon, Bernard, 2003, *Gypsies and Flamenco*, Hertfordshire.

Liégeois, Jean - Pierre, 1986, *Gypsies – an illustrated history*, London.

——, 1987, *Gypsies and Travellers – Socio - cultural data, Socio - political data*, Strasbourg.

——, 1994, *Roma, Gypsies, Travellers*, Strasbourg.

Lis, Catharina, and Hugo Soly, 1979, *Poverty and Capitalism in Pre - industrial Europe*, Atlantic Highlands, NJ.

Lucassen, Jan, and Leo Lucassen, eds., 1999, *Migration, Migration History, History – Old Paradigms and New Perspectives*, Bern.

Lucassen, Leo, Wim Willems and Annemarie Cottaar, 1998, *Gypsies and Other Itinerant Groups – A Socio - Historical Approach*, New York.

Margalit, Gilad, 2002, *Germany and its Gypsies – a Post - Auschwitz Ordeal*, Madison, WI.

Martinez, Nicole, 1986, *Les Tsiganes,* Paris（邦訳、ニコル・マルティネス、『ジプシー』、水谷驍・左地亮子訳、文庫クセジュ、白水社、二〇〇七年）。

Marushiakova, Elena, and Vesselin Popov, 2001, *Gypsies in the Ottoman Empire – A contribution to the history of the Balkans,* Hertfordshire.

Matras, Yaron, 1999, 'Johann Rüdiger and the Study of Romani in 18th- Century Germany', in *JGLS*, 5th Series, Vol.IX, No.2, pp.89 - 116.

——, 2002, *Romani – A Linguistic Introduction*, Cambridge.

Mayall, David, 1988, *Gypsy - travellers in nineteenth - Century society*, Cambridge.

——, 1995, *English Gypsies and State Policies*, Hertfordshire.

——, 2004, *Gypsy Identities 1500-2000 – From Egipcyans and Moon - men to the Ethnic Romany*, London.

Moch, Leslie Page, 1992, *Moving Europeans – Migration in Western Europe since 1650*, Bloomington.

Okely, Judith, 1983, *The Traveller - Gypsies,* Cambridge（邦訳、ジュディス・オークリー、『旅するジプシーの人類学』、木内信敬訳、晶文社、一九八六年）。

——, 1996, *Own or Other Culture*, London.

Piasere, Leonardo, 1989, ‘De origine Cinganorum’, *Études et documents balkaniques et méditerranéens*, Vol.14 (1989), pp.105 - 126.

Rao, Aparna, ed., 1987, *The Other Nomads*, Köln.

Rehfisch, F., ed., 1975, *Gypsies, Tinkers, and Other Travellers*, London.

Salo, Matt T., and Shiela Salo, 1986, ‘Gypsy Immigration to the United States’, *Papers from the Sixth and Seventh Annual Meetings*, Gypsy Lore Society, North American Chapter, New York, 1986, pp.85 - 96.

Sampson, John, 1911, ‘Jacob Bryant: being an Analysis of his Anglo - Romani Vocabulary, with a Discussion of the Place and Date of Collection and an Attempt to show that Bryant, not Rüdiger, was the earliest discoverer of the Indian origin of the Gypsies’, *JGLS*, New Series, Vol.IV, No.3, Jan. 1911, pp.162 - 194.

——, ed., 1930, *The Wind on the Heath – A Gypsy Anthology*, London.

Soulis, George C., 1961, ‘The Gypsies in the Byzantine Empire and the Balkans in the Late Middle Ages’, *Dumbarton Oaks Papers*, no.15 (1961), pp.142 - 165.

Starr, J., 1936, ‘An Eastern Christian Sect: the Athinganoi’, *Harvard Theological Review*, XXIX, 2: 93 - 106.

Stewart, Michael, 1997, *The Times of the Gypsies – Studies in the Ethnographic Imagination*,

Westview Press, Boulder and Oxford.

Sutherland, Anne, 1975, *Gypsies —— The Hidden Americans*, reissued, Illinois, 1986.

Sway, Marlene, 1988, *Familiar Stranger – Gypsy Life in America*, Urbana and Chicago.

Tebbutt, Susan, ed., 1998, *Sinti and Roma – Gypsies in German - Speaking Society and Literature*, New York.

Vaux de Foletier, François de, 1970, *Mille ans d'histoire des Tsiganes*, Paris.

——, 1981, *Les Bohémiens en France au 19è Siècle*, Paris.

Weyrauch, Walter O., ed., 2001, *Gypsy Law – Romani Legal Traditions and Culture*, Berkely.

Willems, Wim, 1997, *In Search of the True Gypsies – From Enlightenment to Final Solution*, London.

Williams, Patrick, 2003, *Gypsy World – The Silence of the Living and the Voices of the Dead*, Chicago and London (originally in French, 1993).

Winstedt, Eric Otto, 1913, 'The Gypsy Coppersmiths' Invasion of 1911 - 13, *JGLS*, 2nd Series, Vol. VI, No.4.

——,1932 - 34, 'Some Records of the Gypsies in Germany', *JGLS*, 3rd Series, ① Vol. XI (1932), Parts 3 - 4, pp.97 – 111, ② Vol. XII (1933), Part 3, pp.123 - 141, ③ Vol. XII (1933), Part 4, pp189 - 196, ④ Vol. XIII (1934), Part 2, pp.98 - 116.

Yoors, Jan, *The Gypsies*, reissued, Prospect Heights, Illinois（邦訳、ヤン・ヨアーズ、『ジプシー』、

村上博基訳、早川書房、一九七七年)。

【日本語文献】


阿部謹也、『中世を旅する人びと――ヨーロッパ庶民生活点描』、平凡社、一九七八年。

アンダーソン、ベネディクト、『定本 想像の共同体 ナショナリズムの起源と流行』、白石隆・白石さや訳、書籍工房早山、二〇〇七年。

イルジーグラー、フランツ、アルノルト・ラゾッタ、『中世のアウトサイダー』、藤代幸一訳、新装版、白水社、二〇〇五年。

ヴォルフ、フィリップ、『近代ヨーロッパ経済のあけぼの―中世の秋から近世の春へ』、山瀬善一ほか訳、晃洋書房、一九九三年。

ヴォルフ、フィリップ、ミシェル・モラ、『ヨーロッパ中世末期の民衆運動―青い爪、ジャック、そしてチオンピ』、瀬原義生訳、ミネルヴァ書房、MINERVA西洋史ライブラリー⑯、一九九六年。

大里賢太、「定位されるジプシー」(川越修・矢野久、『ナチズムのなかの20世紀』、柏書房、二〇〇二年、所収)。

小野寺誠、『ジプシー生活誌』、NHKブックス、一九八一年。

金子マーティン、『《スインティ女性三代記（上）》を読み解く—スィンティ女性三代記（下）』、凱風社、二〇〇九年（ラーハ、ルードウィク、編著、『私たちはこの世に存在すべきではなかった—スィンティ女性三代記（上）』、金子マーティン訳、凱風社、二〇〇九年、の下巻）。

木内信敬、『青空と草原の民——変貌するジプシー』、白水社、一九八〇年。

ゲレメク、ブロニスワフ、『憐れみと縛り首——ヨーロッパ史のなかの貧民』、早坂真理訳、平凡社、一九九三年。

小坂井敏昌、『民族という虚構』、東京大学出版会、二〇〇二年。

左地亮子、『現代フランスを生きるジプシー　旅に住まうマヌーシュと共同性の人類学』（世界思想社、二〇一七年）。

関哲行、『旅する人びと　ヨーロッパの中世4』、岩波書店、二〇〇九年。

セルバンテス、ミゲル・デ、「ジプシー娘」（牛島信明訳、『スペイン中世・黄金世紀文学選集⑤模範小説集』、国書刊行会、一九九三年、所収）。

竹沢泰子（ほか）編、『人種神話を解体する』1-3、東京大学出版会、二〇一六年。

谷川健一、責任編集、『サンカとマタギ——日本民俗文化資料集成①』、三一書房、一九八九年。

『パリの住人の日記』、堀越孝一訳・校注、八坂書房、Ⅰ、二〇一三年、Ⅱ、二〇一六年。

バーリー、M、W・ヴィッパーマン、『人種主義国家ドイツ一九九三-四五』、柴田敬二訳、刀水書房、二〇〇一年。

ハルトゥング、ヴォルフガング、『中世の旅芸人　奇術師・詩人・楽士』、井本晌二・鈴木麻衣子訳、法政大学出版局、二〇〇六年。

ベーンケ、ハイナー、ロルフ・ヨハンスマイアー、『放浪者の書　博打うち、娼婦、ペテン師』、永野藤夫訳、平凡社、一九八九年。

ホイジンガ、ヨハン、『中世の秋』、『ホイジンガ著作集6』、兼岩正夫・里見元一郎訳、河出書房新社、新装版、一九八九年。

堀越千秋、『スペインうやむや日記』、集英社文庫、集英社、二〇〇二年。

南塚信吾編、『ドナウ・ヨーロッパ史』、山川出版社、一九九九年。

水谷驍、『ジプシー　歴史・社会・文化』、平凡社新書、二〇〇六年。

モア、トマス、『ユートピア』（一五一六年）、平井正穂訳、岩波文庫、一九五七年。

ラカー、ウォルター、『ホロコースト大事典』、井上茂・木畑和子・芝健介・長田浩彰・永岑三千輝・原田一美・望田幸男訳、柏書房、二〇〇三年。

レック、ベルント、『歴史のアウトサイダー』、中谷博幸・山中淑江訳、昭和堂、二〇〇一年。

■著 者：水谷　驍（みずたに　たけし）
1942年生まれ。東京大学大学院経済学研究科修士課程修了。ポーランド現代史／ジプシー史。

［著書］『ポーランド「連帯」　消えた革命』（柘植書房、1995年）；『ジプシー　歴史・社会・文化』（平凡社新書、2006年）。

［主要編訳書］『ポーランド［連帯］の挑戦』（柘植書房、1981年［共編訳］）；レフ・ワレサ『ワレサ自伝－希望への道』（社会思想社、1988年［共訳］）；ボリス・カガルリツキー『モスクワ人民戦線　下からのペレストロイカ』（柘植書房、1989年［共訳］）；ジョゼフ・ロスチャイルド『現代東欧史：多様性への回帰』（共同通信社、1999年［共訳］）；デーヴィッド・クローウェ『ジプシーの歴史　東欧・ロシアのロマ民族』（共同通信社、2001年）；アンガス・フレーザー『ジプシー　民族の歴史と文化』（平凡社、2002年）；イアン・ハンコック『ジプシー差別の歴史と構造　パーリア・シンドローム』（彩流社、2004年）；ニコル・マルティネス『ジプシー』（白水社文庫クセジュ、2007年［共訳］）

ジプシー史再考

2018年2月10日第１刷発行　定価2,300円＋税

著　　者　水谷　驍
装　　幀　株式会社オセロ
発 行 所　柘植（つげ）書房新社
〒113-0001　東京都文京区白山1-2-10　秋田ハウス102
TEL 03（3818）9270　FAX 03（3818）9274
郵便振替00160-4-113372　http://www.tsugeshobo.com
印刷・製本　株式会社ミツワ

乱丁・落丁はお取り替えいたします。　ISBN978-4-8068-0704-9　C0020